Bella,

Con muchísimo amor...

Tu esposo

Oscar

Me pica la abuela

PSICOGENEALOGÍA Y TERAPIA TRANSGENERACIONAL

Leonor Inés Pissanchi

HOJAS DEL SUR
Buenos Aires
www.hojasdelsur.com

Me pica la abuela
Leonor Inés Pissanchi

1a edición

Editorial Hojas del Sur S.A.
Albarellos 3016
Buenos Aires, C1419FSU, Argentina
e-mail: info@hojasdelsur.com
www.hojasdelsur.com

ISBN 978-987-8916-23-1

Dirección editorial: Andrés Mego
Edición: Silvana Freddi
Diseño de portada: AADG Studio
Diseño de interior: Noelia Pepe

Pissanchi, Leonor Inés
  Me pica la abuela : psicogenealogía y terapia transgeneracional / Leonor Inés Pissanchi. - 1a ed. - Ciudad Autónoma de Buenos Aires : Hojas del Sur, 2022.
  208 p. ; 23 x 15 cm.

  ISBN 978-987-8916-23-1

  1. Superación Personal. I. Título.
  CDD 158.1

©2022 Editorial Hojas del Sur S.A.

Todos los derechos reservados. No se permite la reproducción total o parcial, la distribución o la transformación de este libro, en ninguna forma o medio, ni el ejercicio de otras facultades reservadas sin el permiso previo y escrito del editor. Su infracción está penada por las leyes vigentes.

Índice

Agradecimientos — 7

Prólogo — 9

La Bienvenida — 11

Capítulo 1 — 17
¿Y si fueras la reserva de tu familia?

Capítulo 2 — 29
Todos tenemos un guion...
...y el tuyo es extraordinario

Capítulo 3 — 45
El síntoma: un souvenir de un momento de tu vida

Capítulo 4 — 59
Vos y tu fachada

Capítulo 5 — 75
Quiero concebir, pero no puedo

Capítulo 6 — 107
Y vos... ¿como quién te quejás?

Capítulo 7 137
El propósito de ser concebido, tu vocación

Capítulo 8 161
Retirarse... ¿un evento familiar?

Epílogo 201

Bibliografía 207

Agradecimientos

*Soy hija de Lucía Inés, una mujer intuitiva
que me sanaba con las manos.
De ella aprendí la benevolencia en casa.
Soy hija de Esteban Eduardo, a quien le di "mucho trabajo",
un hombre politizado y buen comunicador,
de él aprendí los valores de una sociedad ideal fuera de casa.*

*Soy la hermana menor de un pibe que me enseñó la calma
siendo él tranquilo,
como custodio en silencio que siempre me cuidó.*

*Soy leona de tres cachorros que "me hicieron" no solo una Madre
sino una mujer distinta para cada uno.
Mi hija mayor, mi reina Batata,
me hizo creer que nada me podía ser imposible.
Mi segunda hija me llevó a "dormir en el aljibe"
para hacerme sentir su confianza, haciéndome más y más fuerte.
Mi hijo menor y su bondad de "Osías"
me recuerda siempre que jugar es donde está lo mejor de nuestra
vida.*

Ellos son Nazarena Lucía, Isabella Bianca y Lautaro Ángel.
Sé que el futuro es un buen terreno porque ellos son semilla.

Soy pareja –mi sentir más bendecido–
del hombre que me enseñó a abrazarme en lo femenino,
con humor y mucho amor.
Con vos, Fabián Santiago, aprendí que es seguro estar sin "defensas"
y equivocada,
porque en el error también me siento amada.

Soy amiga hermana de las "chicas" que me acompañaron por los
suburbios, lugares de mis desarraigos con tanta carcajadas
y muchos pañuelitos para llorar.
Ellas son Silvia, Eva y María Julia
(me honrás con tu compañía, Julita).

Y a la figura que supo verme y me intencionó autora:
Andrés Mego y sus Hojas del Sur. ¡Qué coraje, Andrés!
Que tu visionaria acción sea mi mejor misión.
Y a Pao Adler que fue tutora cálida y custodia de cada palabra.
Gracias por invitarme a su equipo con tanta alegría.

A todos, y a vos, que nos llevás en tus manos:

¡Gracias, gracias, gracias!

Prólogo

Por Marisa Pinta

Imaginaos que pudierais abrir una bonita caja, deshacer un precioso lazo rojo y encontrar dentro toda la información que quisierais pedir a vuestros antepasados, abuelos, bisabuelos, etcétera... Pero no solo eso; además, también podréis encontrar explicación del porqué de vuestras acciones buenas, o malas dentro de esa caja.

Pues Leonor Inés Pissanchi es para todos cuantos la conocemos esa caja que nos acerca a nuestros ancestros.

Su libro *Me pica la abuela*, que simplemente ya su título es maravilloso, nos acerca a comprender de una manera clara y concisa, el porqué de nuestras reacciones en la vida.

En este libro, querido lector, podrás encontrar numerosas armas para conocerte y conocer mejor tus actos, entendiéndote y haciendo de ti una persona que permanezca en paz con sigo misma.

Leonor nos enseña a sanar nuestro cuerpo y sobre todo nuestra alma.

Con su gran maestría con la pluma, te acercará a relatos de diferentes perfiles que llegaron a su consultorio en busca de una esperanza, y aunque te dejarán el alma encogida, siempre tendrán un final amoroso y resolutivo.

Cada ser humano que nace en palabras de esta genia de la información biológica y el transgeneracional es "la respuesta a las preguntas y situaciones vividas en su familia".

Gracias, compañera, por enseñarnos a todos a valorarnos, a pensar en positivo, tener una explicación para cada gesto que nos pueda parecer de mala voluntad por nuestro prójimo y convertirlo en algo bueno, sanador, para cuerpo y alma. Con apenas conocerte se puede ver una luz de optimismo, la misma luz que he podido leer en cada una de las páginas de este libro.

Personas como tú, si no existieran, habría que inventarlas. ¡Pues viva tu abuela!, que a través de tu madre nos hizo tenerte como regalo.

Queridos lectores, no os entretengo más: a devorar como fieras este libro tan auténtico y especial como su escritora.

La Bienvenida

Animate, asomate.

Sentite invitado. Sentite invitada a compartir mi lugar de trabajo.

Donde soy testigo de la maravilla que hoy podés presenciar.

Solo para amorosos y valientes, despojados del ruido de los juicios.

Hacé silencio en la cabeza.

Ponete neutro en tus pensamientos y repitamos juntos:

"*no sé…, no sé…, no sé…*"

mientras dure cada encuentro,

cada sesión, cada consulta.

Mientras escuchamos, debemos ser amorales. No hay bueno o malo. Correcto o incorrecto. Simplemente *es*.

Debemos entrar descalzos al alma del otro para no dejar huellas.

Si no, no entremos, al menos hoy, por favor.

De tu parte, necesito que te sientas elegido y te pongas a mi lado.

En un sillón muy cómodo que te he asignado… solo para vos. Podés taparte con la ruana tejida, pero si estás compenetrado con la historia que escucharemos, es probable que te disocies de tu cuerpo, que te olvides de él para ser una unidad con el relato.

Es *fundamental* que acallemos nuestros pensamientos; que le demos silencio al diálogo interno. Porque todo lo que pensás se deja ver en tu respiración y tus gestos.

Dejemos los juicios, sesgos y la burla. Eso queda fuera de la sala. Tenemos que ser UNO. Tenemos que ser UNA.

Seamos sutiles y livianos.

La persona que escucharemos hoy tiene una mente consciente con la que hablaremos y una mente no consciente con la que debemos conectar.

Una puede sonreírnos, pero la otra nos escucha. Nos percibe y nos siente. Escucha lo que no decimos en nuestros modos, en nuestras formas de movernos, mirar y respirar.

La mente no consciente, el inconsciente debe ser seducido con conocimiento, integridad y cuidada amorosidad. En cuanto se sienta juzgada dejará de habilitarnos sus recursos. En ella se encuentra todo lo sucedido desde antes de nacer y a lo largo de todas las experiencias de vida. Es el custodio de la historia y el guardián de los secretos. El inconsciente, la mente no consciente, es quien sabe realmente el motivo de la consulta. Y este motivo, muchas veces, nada tiene que ver con lo que nos dice la mente consciente de la persona.

Tenemos una única oportunidad, por lo cual debemos ser humildes y reconocer que el consultante sabe más que nosotros de su vida. Nuestra labor es acompañar con respeto y cuidado, ordenando lo sucedido con sensatez, sin imponer ni avasallar.

Le llamaremos DUPLA DE SANACIÓN,

porque aprenderé qué necesito del aparente otro para sanarme.

La palabra enseñar viene del término en latín *ducere*, y significa "sacar".

Pero ¿sacar qué?

La Luz que se encuentra en la sombra.

Eso es lo que haremos hoy. Vos, yo y nuestro consultante.

TE CUENTO DÓNDE LO HAREMOS

Mi consultorio se encuentra dentro de una casa en planta horizontal y en el centro de la manzana. Para llegar a él debés pasar por un largo pasillo que te lleva a una fuente central con un jardín de invierno.

Mi lugar de trabajo es silencioso, y está emplazado en el pequeñísimo parque. Alguna vez fue un lavadero, pero los dueños anteriores lo readaptaron. Posee lámparas coloniales y una galería con jazmines.

 Nuestro consultorio tiene encanto y para mí es único.

Ingresamos a él por un gran ventanal desde el que podremos ver las enredaderas y tres árboles jóvenes que sostienen horneros, gorriones y una pareja de jilgueros. Estas aves aman interrumpirme cada vez que creo que estoy diciendo algo "inteligente", y me recuerdan que soy solo un instante en el encuentro y uno más de todos ellos.

Sobre una pared en medio de la vegetación se encuentra una escultura de un Buda dorado, él es vigía y custodio, con sus ojos cerrados y su tercer ojo que todo lo ve. Nos da la bienvenida en un gesto adusto y calmado.

Es importante que sepas que cuando llueve, un sapo viene a visitarnos buscando refugio bajo techo. La propietaria de la casa, Mirtha, lo llama su "príncipe". Es una mujer muy hermosa, la madre regente del lugar. Nos cuida a todos y está pendiente de que cada cosa funcione a la perfección. Mirtha entiende nuestra labor pues también es colega y trabaja con nosotros como psicóloga.

Somos diferentes profesionales. Pero los más "locos y volados" vamos al fondo. Los demás profesionales son los llamados *convencionales*: psicólogos lacanianos, conductuales, psicopedagogos, sexólogos y... yo... una terapeuta transpersonal formada dentro del marco de la escuela gestáltica y junguiana, que también utiliza la piscogenealogía y las Leyes Biológicas, la hipnosis ericksoniana y ensoñaciones en sus sesiones.

Mis colegas me miran con simpatía y curiosidad ante "esas cosas que hago yo".

Acompáñame a mi consultorio. Es simple, luminoso y colorido. Dos de las paredes son de un color verde suave y en ellas se encuentran cuadros de los certificados, diplomas de mis formaciones (algunos apilados en un escritorio). También podés observar cuadros de tonos vibrantes en las gamas de los rojos, amarillos y los tonos tierra. Frente a nosotros tenemos un sillón de dos cuerpos color esmeralda. Detrás, una pared blanca que le da protagonismo a quien ahí se sienta con un almohadón que reza la frase escrita: "ponete cómodo".

Sentado en este sillón ves la pizarra donde desarrollo el árbol genealógico. Es decir, vas a observar tu nombre y los nombres de tu familia con sus fechas de nacimiento y defunción en él.

Quienes vienen a mi sesión se llaman *consultantes*. Juntos hacemos un encuentro de dos horas y media. Encontramos el origen de lo sucedido. El *para-qué* de lo ocurrido. Hacemos un ejercicio y luego una estrategia coherente que pueda sostener luego de la sesión.

Nos vemos una única vez y solo si fuera necesario nuevamente, después de 40 días.

Mi intervención es "quiropráctica": entro a la situación. La historia. El relato. Intervengo con un movimiento cuidado haciendo una estrategia, dando recursos y salgo del encuentro.

Esto permite que el consultante vea la sensatez de su historia.

El para-qué de lo ocurrido; que comprenda en el orden de la emoción, acallando el pensamiento y sintiendo en el cuerpo lo sucedido.

Es un *insight*, una proliferación de ondas gamma en el cerebro, un ¡eureka! Sería un equivalente de un orgasmo o el clímax a nivel cerebral. Dura unos segundos, la persona se emociona, se entrecorta la voz, los ojos se humedecen, su mirada se pone fija o parpadea repetidamente.

Hemos logrado "desprogramar" en ese instante, y nuestro consultante, tomado por la emoción, pone en palabras un sentido: "¡YA ENTENDÍ!".

¿Y SI FUERAS LA RESERVA DE TU FAMILIA?

Tal vez te sientas identificado o identificada con estas frases que escucho desde hace muchos años en mis sesiones:

- *No consigo pareja estable.*
- *No logro tener un buen trabajo.*
- *Mis proyectos se truncan.*
- *No logro terminar lo que comienzo.*
- *Me siento triste, con angustia.*
- *No sé qué rumbo tomar.*
- *No logro organizarme.*
- *Creo que me boicoteo para no obtener lo que quiero.*
- *Estoy cerca de lograrlo, lo estropeo con una torpeza y pierdo todo.*
- *Es mi culpa.*

¿Pensaste alguna vez, que todo esto podría tener una lógica, una *sensatez*?

Y me vas a decir:

—Leonor, ¿qué puede tener de sensato haber arruinado mi entrevista de trabajo?

O quizás me digas:

—¿Te parece sensato que elija parejas que no se comprometen y siempre me dejan?

Ahora te pregunto: ¿Y si no lograr algo fuera un excelente **mecanismo de preservación**? Es decir, una manera de mantener a salvo **el lugar que te asignaron en tu familia**.

Teneme un poco de paciencia, que creo que te va a gustar lo que tengo para contarte.

Resulta que en la naturaleza, en la especie de los mamíferos, en las manadas hay roles que son llamados *alfas*, *betas* y *reservas*.

Los primeros, los *alfa*, son los más aptos para asumir el control y las decisiones de la dirección de la manada. Los *beta* son quienes hacen más fuerte en número de miembros del grupo, cada cual con su rol y jerarquía, y por último los llamados *reservas*. Estos son quienes en caso de que los alfas fallen en sus decisiones, asumirán el rol y se harán cargo del destino de su grupo.

Recordemos que respondemos a las mismas reglas de la naturaleza, que somos mamíferos y que nuestra especie, llamada *humana*, también tiene un orden de manada.

Expertos en comportamiento animal han detectado rangos en el orden de una manada. El científico Lucyan David Mech, en investigaciones realizadas en grupos de lobos, explica estos rangos. Asimismo, la Universidad de Harvard ha mencionado en sus investigaciones personalidades humanas llamadas *alfas*, *betas* y *omega*. Por su parte, el doctor Hamer, padre y descubridor de las Leyes Biológicas, describió los roles y comportamientos de los miembros de un clan en un territorio, considerando que nosotros somos el resultado biológico evolutivo y filogenético[1] que se encuentra presente en las hojas embrionarias[2] de nuestro cerebro.

De acuerdo a la psicología sistémica, encargada del estudio del individuo en su entorno y el contexto, Bert Hellinger, creador de las constelaciones familiares, considera que los miembros de una familia se influyen recíprocamente en conducta y salud.

Entonces, ¿sería posible que muchas de nuestras emociones, pensamientos y decisiones de adultos respondieran a las situaciones vividas en nuestra infancia? ¿Sería posible que estuviéramos "programados" a nivel biológico por nuestra familia, y en el útero por nuestra madre, para vivir como la *reserva* de nuestro grupo?

¡Sí! Esto es absolutamente cierto, sensato, necesario y funcional a la dinámica de mi familia.

Ahora bien: ¿quiénes son los hijos-reserva de una familia? Aquellos concebidos para cuidar al grupo familiar en caso de que alguien falte, muera o simplemente falle en su función.

¿Te suena? ¿Te genera cosquillas o te incomoda lo que te cuento?... Entonces, esto que estás leyendo podría ser para vos.

Te comparto un caso que nos hará más fácil que sintamos cuál es la necesidad y el propósito de nacer siendo un "reserva de la familia". Este es un hermoso ejemplo de que *todo lo exagerado es heredado*.

---

[1] La filogenética es la disciplina de la biología evolutiva que estudia la relación de parentesco entre especies.

[2] Las capas u hojas embrionarias son el conjunto de células que se desarrollan en el embrión, a partir de las cuales se formarán los tejidos y órganos del adulto.

Un pacto excesivo. El caso de Analía

Ella se llama Analía. Tiene 39 años. Es muy simpática, divertida y tiene linda charla. Es una diseñadora gráfica profesional, trabaja de manera virtual para una empresa en el extranjero. Vive sola con su gato Manuel. Le encanta viajar, pero suele hacer escapaditas breves o mini vacaciones de pocos días por la provincia de Buenos Aires, sin alejarse demasiado.

—¿Tus padres? —le pregunto.

—Mi papá se murió cuando yo tenía 8 años. Mi mamá está viva y tiene una pareja desde hace muchos años. Pero suelen tener problemas y pelean seguido. Mamá dice que va a separarse, pero la relación continúa.

—¿Qué número de hija sos?

—La mayor de tres hermanos. Una mujer y dos varones. Todos están casados. Soy tía, mis dos hermanos tienen hijos. Y la mujer del más chico está embarazada de nuevo.

Le pregunto el motivo de la consulta.

—No logro tener una pareja estable —me dice—. Es mi mayor deseo tener una relación estable con quien lograr una familia.

—Contame, por favor, la última relación que tuviste.

—Salí dos años y medio. Fue mi relación más duradera. Cuando volvimos de un viaje me dijo que, por motivos laborales lo iban a trasladar a otro país.

—¿Convivieron?

—No del todo, quiero decir…, se quedaba en mi casa y yo en la suya, pero no teníamos un lugar que fuera de ambos.

—¿Y tu relación anterior?

—Era un chico al que solo le importaba estar con sus amigos en su tiempo libre. Se había separado de su mujer y estaba muy pendiente de su hijo, a quien lo llevaba a todas sus actividades.

—¿Y tu relación anterior?

—Me engañó. Me dijo que era soltero, pero no solía estar disponible. Vino a esta ciudad a estudiar, consiguió trabajo y se estableció. Pero cada fin de semana se iba. Me decía que era porque visitaba a su familia en el pueblo donde nació, pero en realidad tenía a su novia de muchos años ahí.

—¿Tuviste una relación anterior a esta?

—Sí, la primera. Mi novio de la secundaria. Nos arreglamos en el viaje de egresados del colegio. Nos queríamos muchísimo. Se fue a estudiar a la Universidad en la Plata y no nos vimos más —me dice con un dejo de melancolía.

Hago una breve pausa y le pido más información:

—Contame de tus padres.

—Mi papá y mi mamá, cuando se casaron, fueron a vivir al sur. Papá trabajaba en la construcción y mamá era docente. Cuando queda embarazada de mí, decidieron que mamá no trabaje más y se quedara cuidándome. Luego nacieron mis hermanitos. Yo estaba en segundo grado del colegio cuando la directora me llama para decirme que mi papá se había accidentado camino al trabajo. Estuvo internado muchos días. Cuando le dieron el alta y volvió a casa, pasaba mucho tiempo en cama y había que atenderlo. Así que mamá se hizo cargo de él. Yo me quedaba con mis hermanitos. Les preparaba la comida, los ayudaba con la tarea y cuando mamá descansaba, yo cuidaba a mi papá. Con los meses —continúa—, papá desmejoró y ese mismo año, en una de sus tantas internaciones, falleció. Así que al año siguiente vinimos a

Mar del Plata, donde mis padres habían crecido. Mi mamá volvió a la docencia. Trabajaba doble escolaridad. Luego fue directora por la mañana y daba clases por la tarde.

—¿Y cómo se organizaba con ustedes?

—Dinero para niñera no había, así que yo me quedaba con los nenes hasta que mamá volvía.

—¿Y cuando ella llegaba a casa, qué pasaba?

—Estaba tan cansada que a veces se quedaba dormida sentada. Así que yo no dejaba que los nenes la molestaran e intentaba resolver lo más que podía sus necesidades. A los catorce años comencé a trabajar en el verano, porque quería celebrar mi cumpleaños de quince. Mi mamá pidió un crédito a una entidad bancaria y tuvimos una hermosa fiesta en un salón con vestido, fotos y filmación. De ahí en más cada verano juntaba dinero y ayudaba en la compra de los útiles de la escuela.

"Cuando yo cumplo los veinte años, mamá se pone en pareja con su actual marido. Pero discutían mucho. Así que a los 23 años me fui a vivir sola. Mis hermanos solían quedarse conmigo para no estar en la casa. Luego, cuando llegaron a su mayoría de edad se fueron todos a vivir con amigos".

—¿Y ahora quién se queda en tu casa con vos? —le pregunto.

—¡¡¡Mis sobrinos!!! —se ríe—. ¡Alquilé hace años un departamento con una habitación por si ellos se quieren quedar!

Vuelvo a preguntarle el motivo de la consulta.

—No logro conseguir pareja estable.

—Tu pacto amoroso ha sido desplazarte de tu rol de hija para pasar a ser el sostén emocional de tu mamá —le respondo—. También asumiste ser padre de sustitución de tus hermanos.

¿Y SI FUERAS LA RESERVA DE TU FAMILIA?

Como tal, hiciste lo que llamamos un sacrificio por amor. Abandonaste tu lugar de hija porque tu familia así lo necesitaba. Ocupaste el lugar de tu papá para tus hermanos. Sos la reserva de tu familia en caso de que algo falle. Significa que buscás relaciones que no se comprometan con vos para no abandonar el lugar que te asignaron de niña. Inclusive, siendo una mujer emancipada, sigue presente y actuando esa memoria de fidelidad en vos. Tus relaciones laborales, actividades y parejas no pueden competir con tu pacto amoroso con papá, el compromiso de *estar para sus hijos*, tus hermanos.

Guardo silencio para que pueda procesar esta devolución. Su gesto es de reflexión y asombro, su rostro muestra una expresión de "lo estoy entendiendo" con una media sonrisa. Mantiene sus ojos fijos en mí, así que continúo:

—Por ello, en vez de irte de viaje, radicarte en otro sitio, alquilás un departamento con una habitación extra para tus sobrinos, pues te opera la memoria de que "algo puede pasar". Y esto es porque en tu historia los que tienen que estar a cargo "fallan". Entonces, no sos libre de elegir irte.

Se emociona. Toma unos pañuelitos de papel que se encuentran en la mesita a su lado y los sostiene entre sus manos, pensativa. Guardamos silencio. Y me dice:

—Esto lo entendí. Siento que debo seguir cumpliendo. ¿Y ahora qué hago? Me doy cuenta de que vivo pendiente de mis hermanos y los llamo a diario para ver si necesitan algo. Uno de ellos me dijo que ya es tiempo de que haga mi vida y no lo entendí. Es más, me enojé, sentí que era un desagradecido…, pero en cierto punto creo que tiene razón —y tomando una bocanada de aire, como inhalando fuerza reflexiva, me dice—: ¿Te cuento algo,

Leonor? Me hiciste acordar de la vez que decidí volverme antes de un viaje que hicimos con mi novio porque no me quería perder una actividad de jardín de mis sobrinos… De hecho, tuvimos una discusión por eso —se sonríe y reconoce—: no estuve bien. Debería haberme quedado con él en nuestro viaje. Ahora veo que mis parejas en realidad nunca fueron mi prioridad.

—Me alegra que lo veas —le respondo—. Analía, antes de continuar debo decirte *que es fundamental que tengas gratitud para con vos*. No es posible lograr ningún cambio si antes no te reconocés amorosamente lo que hiciste. Ahora, debés darle calma a la nena excedida de responsabilidades que fuiste y que aún se manifiesta en tus comportamientos. A ella le falta sentir que lo hizo bien. Que ya puede descansar y que está muy bien jugar sin pensar que tiene que hacer algo. Debés comprender con amor que tu labor estaba por encima de tus capacidades y que, sin embargo, la llevaste adelante. Es tiempo de devolver este pacto a tu papá.

"Visualizá que la mujer que sos hoy, con todas tus habilidades, tu belleza, el buen humor, tus logros, se reúne con el papá que recordás. Podés utilizar una foto si ello te ayuda. Miralo, conectá con él.

"Sentí que te encontrás una vez más, porque sos su hija mayor y necesitás hablar con él.

"Decile en voz alta y ESCUCHATE decir: *Papá, ¡LO HICE BIEN! Mis hermanos ya son padres. Sos abuelo. Mamá está bien, ya tiene quien la cuide.*

"Es tiempo de darle calma a la niña que fuiste. Una nena con miedo a hacerlo mal y traerle más problemas al drama de mamá. Por eso siempre hiciste lo correcto.

"Sos una buena hija. Lo hiciste muy bien. Pero ya no es necesario que sostengas esta identidad. Tus sobrinos tienen padres que los cuidan y tu madre tiene a su pareja, que está con ella. No cabe lugar para un custodio.

"¿Estás lista para abandonar este rol de ser reserva de tu familia?".

Muy conmovida, en un tono muy bajito, me responde que sí.

—Sería muy atinado que te vayas de viaje una semana completa, en lo posible vas a dejar tu teléfono celular en el hotel. Debés educarte en abandonar el control sobre lo que pueda sucederle a tu familia. Y esa habitación que tenés disponible en tu departamento "por si algo sucede"… date el permiso de que sea realmente tuya. Entonces, ¿qué vas a hacer con ella?

Y sin dudarlo me responde:

—Siempre quise tener mi propio tallercito de arte. ¡Creo que ya tengo donde jugar!

Nota para vos y para mí:

Ningún cambio radical y abrupto que hagamos puede generar un cambio de vida que logremos sostener en el tiempo. Es decir, al cabo de unos meses me voy a encontrar diciendo con bronca: ¡otra vez hice lo mismo!

Ahora bien, pensá en algún cambio en tu vida que quisiste hacer y que querías que sea lo antes posible para vos. Como comenzar a entrenar cinco días a la semana cuando nunca te ejercitaste, o anotarte a una carrera muy difícil cuando nunca leés. Es probable que hayas desertado, o lo hiciste con tanta dificultad que no disfrutaste del proceso.

La regla para garantizarte el logro de cualquier cambio es de a poco y verificar que podés con eso. Sintiéndote a gusto mientras lo hacés.

Es decir, cualquier pequeña acción nueva que hagas, que te resulte lo suficientemente cómoda para poder sostenerla en el tiempo, será percibida por vos como algo seguro. Una vez que tu cerebro verificó que es seguro para tu existencia este nuevo comportamiento, te va a habilitar a generar nuevos potenciales en tu vida futura.

Tramitos cortos en cualquier cosa que sumes a tu vida es más seguro que grandes cambios que vas a abandonar por completo y que además generan esa sensación de frustración, desvalorización y esa sensación de bajón por no haberlo logrado. ¡Mejores son los *tramitos cortos*!

A modo de conclusión...

Vos, yo... Todos, eventualmente, podemos ser una *reserva* para nuestra familia, estar orbitando cerca en caso de ser necesarios. Es amoroso y obviamente lógico para uno y el entorno que amamos.

El tema es identificar si "estar siempre a disposición" de la familia, de los amigos, es una acción que yo estoy llevando de manera automática, postergándome en mis proyectos, mis objetivos o mis deseos, desoyendo mis incomodidades físicas, como un dolor muscular, cansancio o mi malestar emotivo...

A veces caemos en un lugar muy habitado por mí como el "no puedo porque **tengo que…** y **debo de…**". Estos son pretextos elegantes para escaparme de mi propio protagonismo de vida.

> **Un simple: "NO TENGO GANAS" es, simplemente, CORRECTO.**

Recuerdo que en una clase de interpretación de textos sagrados un profesor mencionó que Jesús era hijo único de una viuda en una sociedad donde las mujeres asumen su lugar en función del rol de la familia y el varón. Sin embargo, este hijo único asumió que debía irse para cumplir con su propósito, porque por encima de lo social y cultural estaba su mandato.

Cuando viajamos en avión nos instruyen para que, en caso de emergencia, primero me ponga la mascarilla yo para poder ayudarte a vos.

> **Reconocerme parte de lo que hago y no ser un actor sin voluntad es la propuesta.**

TODOS TENEMOS UN GUION...
...Y EL TUYO ES EXTRAORDINARIO

Soy la actriz nueva de una película vieja.
Soy el actor nuevo de una película vieja.
Los guionistas, mis ancestros.

Sí, sí... tus abuelos y los míos... y los padres. Los tíos. Los primos. Los padrinos. Los amantes. Los personajes que están, los que no y los que murieron. O están escondidos en el placard (creeme, lo escuché varias veces). Los que nombramos y los que omitimos. Todo conforma parte de un guion magistral con variantes de personalidades, decisiones, géneros, roles dentro de un lugar, territorio y un contexto social que lo sostiene y lo altera también.

Lo que nos contaron con palabras y lo que me dijeron con el gesto al referirse a alguien o a algo. ¡Los *gestos*! Estos sí que dicen cosas. Los tonos que mamá usó al referirse a papá o a su suegra pueden hacer que me resulte antipática la abuela o que no me sienta en calma cuando estoy con papá. En definitiva, mamá es la que sabe. Y yo voy a hacer lo que me dice y lo que sea necesario para que no se enoje y me siga queriendo. Lo cual es una bellísima manera de adaptarme y un valioso recurso que me ha dado mi biología, que se verá como un componente de mi personalidad a futuro.

Hacé memoria, entrá a algún momento de ser chiquito, chiquita, en que no te sentiste muy tranquilo o tranquila porque percibiste que mamá no estaba convencida con alguna decisión que tomó, la notaste inquieta y te quedaste con esa sensación de que algo no andaba bien… No sabés muy bien por qué, pero lo sentiste como una pelota en la panza, un cosquilleo en el pecho o un nudo en la garganta. Respirás corto y no profundo, igual que ella está respirando. Y ahí nomás llega la información de que debo permanecer atento, atenta. ¡Algo está pasando o puede pasar!

La percepción no tiene que ver con lo que sucede en realidad, solo es la manera en que siento en mi cuerpo y lo razono para encontrar una solución y sentirme mejor.

Entre nosotros, a veces pienso que en vez de una película es una saga con multiversos y mundos paralelos. Papá no tira rayos láser pero le sale "humito por la cabeza y le veo roja la cara…". Así describió a su papá un consultante cuando hicimos un ejercicio de ensoñación, y por unos instantes se asoció al sentir emotivo del nene que fue. Describió cómo percibía los episodios reiterados de ira de su padre.

Un hombre que tenía mal humor y era inestable con sus reacciones. La psicología lo definiría como un "desregulado emocional". En todos los casos este hijo, que nada sabe de etiquetas y que ve a su papá fuerte, grande como un Avenger, para su percepción el *superpoder* de su papá eran los terribles gritos que daba que callaban hasta al Boby (su perro) y los golpes de puño con que rompía muebles.

Llevo veinte años acompañando personas. Las historias, los relatos, las simplezas de los personajes y lo complicado de las realidades que me cuentan, por mucho, superan mi capacidad de crear historias. Por ello suelo aburrirme al ver una serie.

Tu guion personal es extraordinario, creeme.

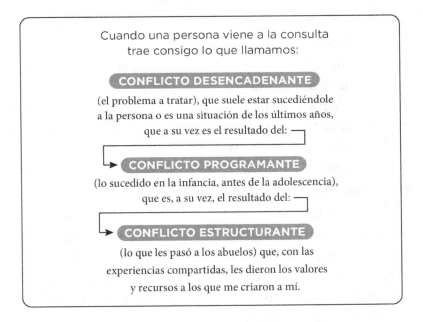

¿Vas cazando la onda?

Quiero decirte acá, ahora, en este instante, sentadito y sin moverte, que estarías compartiendo "datos" con tus abuelos, tus padres, tus hermanos, tus hijos.

Se dijo también que "hasta cuatro generaciones pagarás tus pecados". Esta frase bíblica se refiere a la información que heredo y también transmito dentro de mi familia.

La biología nos habilitaría los potenciales de lo ocurrido para tenerlos disponibles si fueran necesarios. Y de esta manera seguiríamos avanzando o evolucionando no solo nuestra especie, sino también, en nuestro caso, la familia.

Sí, ya sé, no es confortable pensar que vos, yo y hasta "ese" que no te bancás fuera la evolución de su sistema familiar. Por eso no es analizable por nuestro sistema de pensamientos, sino que resulta sensato para nuestra biología.

Ahora bien, una mujer NACE con una **reserva ovárica** limitada dentro de sus ovarios. Estas células, llamadas ovocitos, después del desarrollo o primer periodo menstrual (menarquia) madurarán en óvulos. Es decir, estas células sexuales fueron "hechas" en el útero de mi mamá. Y cuando yo invierta uno de estos óvulos en concebir a mi hijo o hija tendrán por correspondencia la información de su abuela, mi mamá.

Es decir, mis hijos e hijas tienen la data de mi mamá y sé bien que esto puede incomodarnos. A veces no queremos que nuestros hijos se parezcan o compartan información con su abuela. Lo sé, pero, ¡por favor!, no te vayas aún y mucho menos con un sabor amargo. Creeme que todo va a tomar forma y, tal vez, logremos estar en paz con lo ocurrido.

Imaginate que heredaste un código de barras, como los que se escanean en las cajas del supermercado sobre los productos que compraste. Este código de barras que recibiste tiene información que hace a tu identidad, posee características e información inherente de la fábrica de la que venís. No es una información estática, sino permeable a modificaciones que serán las que recibirán los descendientes de esta familia, tus hijos.

Nos reproducimos para compartir información de nuestros clanes y de esta manera el nuevo miembro obtendrá la información de las dos familias, y con ello las ventajas de ambos grupos. Cada hijo que nace es la oportunidad de su grupo familiar de traer una nueva información a su árbol genealógico.

Quiero decirte con esto que **somos la respuesta a las preguntas y situaciones vividas de tu familia.**

Sin ánimo de meter presión… ¡enterate de lo importante que sos!

Entonces, nuestros hijos y nietos reciben nuestra información. Lo justo es justo. Así como hablamos de los nuestros, los nuestros hablarán de nosotros.

Y… ¿qué tal te queda la idea de que algún terapeuta en el futuro le pregunte a tus nietos si su abuelo o abuela (vos) tuvo una pareja bien vivida? ¿Cuál era su talento y su vocación? ¿Las pudo llevar a cabo? ¿Sonreía? ¿Hablaba? ¿Qué te contaba? ¿Cómo te lo contaba? ¿Y con tus padres, cómo se llevaba? ¡Todo eso le van a preguntar a tu nieto sobre vos!

Por eso:

Darte buena compañía. Vos con vos. Con pensamientos benevolentes y acciones simples y certeras en tramitos cortos que puedas sostener en el tiempo son excelentes formas de tratarte bien y de aportar ventajas a tu descendencia.

> "Tengo miedo de que se enamoren de mí, por eso engordo"

Lo dice una mujer de 36 años casada con el padre de sus dos hijos, un varón de 10 y una nena de 6 años. Su marido tiene la misma edad que ella y se dedica a la venta y distribución de artículos de limpieza.

El nombre de mi consultante es Macarena. Pero le dicen Marita.

Es la hija mayor de dos hermanos. Su madre vive. Su padre falleció hace algunos años.

En mis consultas, inicio siempre el abordaje a partir de preguntas acerca del *territorio*, es decir, con quien vive, las edades de los miembros de la familia, mascotas, actividades, trabajo y personas con quienes comparte su horario laboral.

Marita se sienta y con una sonrisa dice:

—Así como me ves, yo era maratonista. Pero desde hace unos años dejé de entrenar…

Su gesto es muy sensual. Con sus piernas siempre cruzadas de costado. El cabello largo y recogido deja ver su piel sin maquillaje, pero muy cuidada. Sus uñas, impecables y adornadas con florcitas. Constantemente se acomoda la ropa sobre los costados y sobre su abdomen, como si no quisiera que se notara su cuerpo.

Le pregunto el motivo de la consulta.

—Desde hace cuatro años me dejé estar, me abandoné. No paro de engordar. Mi mamá dice que estoy depresiva. Pero yo soy muy activa. No me siento así.

—A que te referís con "me abandoné" —le pregunto.

—Siempre entrené. Fui preparadora física. Tengo varias maratones realizadas. También salía con un grupo de entrenamiento en bicicleta, hacíamos diferentes circuitos. Lo hice muchos años… y también abandoné.

—Sé que en los grupos de entrenamiento se hacen amigos y se generan vínculos. ¿Qué sucedió con ellos?

—Dejé de verlos. Solamente quedó una amiga que me cuenta cómo están los chicos del grupo y me insiste para que vuelva. Pero decidí vender la bicicleta. Era de carbono, de las más livianas. Ya no voy a comprar otra. Son muy caras —me dice con un tono melancólico corriendo la mirada hacia un costado.

—Tu marido, ¿qué opina del comentario de tu mamá en cuanto a que estarías depresiva?

—No opina. Siempre me apoya en las decisiones que tomo.

—¿Qué te sucedió a los 32 años, Marita? —le pregunto.

—No sé. Pero un día decidí que no iba a entrenar más. Me quedé en casa, y ahora solo salgo para realizar mis tareas de mamá. Llevar y traer a los chicos del cole, las compras… Esas cosas.

—Debe haber sucedido alguna situación que sea coherente con un cambio de comportamiento tan abrupto —le insisto.

—Entiendo. Pero aún así no recuerdo nada que haya sido dramático…

—Bueno, no es necesario el dramatismo para un cambio de comportamiento sino la activación de una vieja memoria. Quiero decirte que nuestro cerebro y la mente no consciente lleva guardado el registro de todo lo sucedido en nuestra vida y lo heredado de nuestra familia por un mínimo de cuatro generaciones. Esta información no se "despabila" si no es encontrándose en el mismo escenario donde las cosas hayan sucedido en generaciones pasadas. La biología no consume nada de energía a no ser que sea sumamente necesario. Un cambio de comportamiento siempre insume energía y para que esto sea posible debe tener una buena razón. Si estás de acuerdo —le propongo—, hagamos un ejercicio de relajación.

—De acuerdo.

Le pido a Marita que cierre sus ojos. Le ruego que respire conmigo tres veces profundamente.

Constato que ya está relajada e inicio una ensoñación dirigida:

—Manteniendo tu estado de profunda relajación, sabiéndote acompañada, sabiéndote segura, vas a ir un año atrás en el tiempo. Por unos instantes, tenés 35 años. Asociate con la mujer de 35 años. ¿Qué edad tenés? —le pregunto.

—Treinta y cinco —responde en tono muy bajo, dejándome notar su relajación no solo física, sino ahora también mental.

—¿Cómo te sentís en estos momentos con tus 35 años?

—Bien.

—¿En dónde estás? Dejá que aparezca un recuerdo, un momento en tus 35 años.

—Estoy en mi casa. Con mis hijos. Estoy bien.

—Gracias. Ahora vamos a ir a un momento fuera de tu casa. ¿Cómo te sentís?

—Mal. quiero ir a casa.

—¿Por qué? ¿Qué te está pasando?

—Hay un hombre que me mira y me está sonriendo en un almacén. Tengo miedo… no sé —solloza.

—Ahora vamos a ir a un año atrás. Tenés 34 años. Asociate completamente con la mujer de 34 años. Vamos a buscar un momento en que sentiste miedo, como en la escena anterior. ¿Dónde estás?

—En mi casa, sacándome la ropa. Cambiándome. Porque la ropa que me puse es muy provocativa. No está bien salir así.

—¿A dónde vas?

—Al banco. Tengo que hacer un trámite para mi marido y reunirme con un oficial de cuenta. Y no quiero ir.

—Ahora vamos a ir a un momento en que sentiste miedo porque te viera un hombre a los 32 años. Asociate completamente a tus 32 años. Tenés 32. ¿Sentís miedo?

—¡Sí! —exclama. Ahora su respiración es entrecortada.

—¿Dónde estás?

—En la ruta con mi bicicleta.

—¿Con quién estás?

—Me quedé atrás. Me acalambro constantemente. Decidí bajarme y caminar. Mi grupo siguió, pero se quedó conmigo Gustavo.

—¿Quién es Gustavo?

—Un chico nuevo, recién empieza. Como él no alcanza al grupo decidió acompañarme.

—¿Gustavo te da miedo?

—Sí. Me dijo que soy linda.

—Pero... ¿es la primera vez que te dicen "linda"?

—No, pero él me gusta y eso me hace sentir mucho miedo.

—¿Te da miedo que te guste?

—Sí. Muchísimo. Estoy paralizada. No puedo hablar.

—Bien, vas a respirar profundo… ¿qué es lo que pensás?

—¡Que esto está muy mal! ¡Es muy peligroso!

—¿Por qué, Marita, es muy peligroso? —le pregunto.

—No lo sé, pero quiero irme a mi casa. ¡Quiero a mi marido! ¡Quiero estar con él! ¡Que me venga a buscar y me saque de la ruta!

—Marita, vas a escuchar mi voz. Suave y lentamente vas a volver a este acá y ahora.

De esta manera, realizamos el cierre del ejercicio asociándonos con el momento actual.

—Vas a abrir tus ojos en absoluto bienestar. Calma y despejada.

Le doy unos momentos para recuperarse.

—Marita, estarás de acuerdo conmigo en que tu reacción fue exagerada. En relación a la presencia de Gustavo y al hecho de que te gustaba, ¿verdad?

—Sí —me responde—. En ese momento solo quería desaparecer y ahora es exactamente eso lo que siento. Cada vez que me cruzo con un hombre que puede verme atractiva, siento miedo en mi pecho y quiero desaparecer.

Le explico que esto es *un programa heredado*. Su conducta es exagerada. Al sentirse atraída por un hombre y encontrarse sola, experimentó un miedo visceral y no una simple ansiedad. Como tal, es una respuesta orgánica que se activa frente a un estímulo, que por alguna razón tiene informado como peligroso. Para evitar esta incomodidad se adaptó de manera *comportamental*:

abandonó su entrenamiento y se escondió detrás de sus kilos extras. Decidió dejar de ser atractiva para su percepción.

—Bueno —me responde—, me avergüenza, pero cuando como mucho y siento que me pongo gorda para que no me vean ni me descubran, entonces con ese pretexto me compro ropa que me cubra, en general de colores oscuros.

—Veamos: si comés te sentís segura. ¿Entiendo bien?

—Por alguna razón, sí —responde enfática.

—Muy bien, contame de tus padres. ¿Cómo se conocieron?

—Eran vecinos. Se pusieron de novios de adolescentes. Crecimos en el mismo barrio que ellos.

—¿Qué recordás de la relación entre ellos?

—Rutinarios, aburridos. No se hablaban. Sé que papá tuvo amantes, pero nunca lo hablé con mi mamá.

—¿Y tu mamá tuvo amantes?

—¡Que si tuvo amantes! —se ríe—. Mi mamá parece una madre superiora en un convento. Cuando la abuela materna enviudó vino a vivir con nosotros. Papá estaba menos tiempo en casa. Creo que así encontró un pretexto para conocer mujeres.

—Tu mamá, ¿qué número de hija es?

—La mayor de dos. Luego la abuela formó una nueva pareja. Y tuvo tres hijos más.

—¿Qué te cuenta tu mamá de su padre?

—Nada, no lo menciona. Hasta le prohibió a la abuela nombrarlo.

—¿Y de su padrastro?

—Decía que cuando se lo necesitaba resolvía todo con dinero, pero que no era su padre y que nunca lo iba a ser.

—Contame del matrimonio de los abuelos. ¿Qué sabés de ellos?

—Mi abuela y yo hablábamos mucho cuando ella se volvió más grande. Nos cuidaba a mi hermanito y a mí. Dormíamos juntas en mi habitación. Era una ternura. Parecía una nena. Me gustaba peinarla y ponerle hebillitas en el pelo. Mi mamá dice que nunca creció y que tuvo que cuidarla siempre.

"La abu me contó que se había casado con el abuelo cuando los dos eran muy jovencitos. Ella era una hija de entre diez hermanos, así que casarse aliviaba la pobreza de sus padres. Alguna vez habló de que su papá era alcohólico y que se ponía violento cuando tomaba de más.

"Mi tía abuela, la más chica, nos contó que no había paredes adentro de la casita, que compartían camas y eso no era bueno cuando los varones mayores tomaban. Entonces, las mujeres salían al campo hasta que era seguro regresar.

"El abuelo era amigo de los hermanos mayores de mi abuela y frecuentaba la casa. Así se conocieron y siempre dijo que él era buen hombre. Cuando se fueron a convivir, vivían en un rancho en el campo donde el abuelo trabajaba. Ahí tuvieron a mi mamá y al tío.

"La casa era de tierra adobada. Pasaban frío y hambre. La abu hablaba de ese hombre con mucho cariño.

"Yo le decía *abuelo* a su segundo marido, que sería en realidad mi abuelastro. Es al que conocí.

"Un día me contó que el abuelastro era el capataz de aquel campo y que les llevaba comida cuando el abuelo no estaba, que se había enamorado de ella. Él era como 15 años mayor que la abuela. Me dijo que un día fue a proponerle al abuelo casarse con mi abuela y le prometió que no le iba a faltar alimento ni a ella ni a los hijos. El abuelo se enojó muchísimo y lo desafió a un duelo de armas. Así que el abuelo y el capataz se batieron a muerte y el que murió fue el papá de mi mamá".

Todo esto me contó Marita con absoluta frialdad, como si estuviera relatándome una película.

—Permitime entender esto... ¿tu abuelastro mató a tu abuelo? ¿Y tu madre fue criada por el asesino de su padre?

—No, ¡fue un duelo! —me explica—. Antes las cosas eran así. Nadie fue a la justicia, ni hizo nada. Eran así...

—Quiere decir que la abuela atrajo la atención de un hombre que no era su pareja. ¿Comprendés que esta situación terminó con una muerte? Es decir, que ser atractiva, para tu información familiar, es peligroso. Ahora podés entender la sensatez del episodio de la ruta con aquel hombre por el cual te sentiste atraída. Te ponía en peligro a vos y a tu marido. Ese fue el escenario que activó la memoria que heredaste.

Y me responde:

—¿Sabés lo que me dijo mi abuela? "Yo me casé una vez por amor y fui pobre. Después me casé sin amor y fui rica". Creo que ya entendí —y sonríe emocionada, con la voz tomada de llanto.

—Muy bien. ¿Creés que ya es tiempo de asumirte una mujer madura emocionalmente?

—Sí, creo que sí.

—Te propongo hacer una cita de novios, o algo parecido, al aire libre con tu marido. Es fundamental que llegues media hora antes. Recordá que es una cita, así que debés ir muy atractiva, por favor. Y cuando él llegue al encuentro vas a besarlo con toda la intención de ser vistos. En un abrazo apretado con tu marido, dirigiéndote mentalmente a tu abuela le vas a decir lo siguiente: "Abu, lo hicimos bien. Yo soy el futuro de las mujeres de este árbol. Vengo a decirte que es seguro ser adulta, bella y estar en pareja en la familia. Descansá en paz, yo me encargo de vivirlo bien".

Una nota para vos y para mí:

Este ha sido una de los relatos que más me impactaron en mi carrera profesional, no por la historia en sí, sino por el tono de la consultante, que no registraba lo que supone la gravedad de lo sucedido, en cuanto a lo vivido por su abuela, su madre y sus tíos.

Para nuestra Marita, "la abu" en sus historias contaba cuentos de abuelos. Pero era una niña detenida en el tiempo. Criada con carencias de cuidados, privaciones de alimentos y abusos. Donde el amor de hombre prometió el rescate de la violencia y luego, violencia mediante, el rescate de la pobreza, dando sexo a cambio de dinero.

Por ello su mamá repara de manera certera siendo una "madre superiora", sin sexo que trajera problemas como en el pasado, buscando un marido que no estuviese tiempo en casa, pero buen proveedor, con quien lograr la estabilidad para los hijos.

Su madre queda como custodio de la abuela y asume traer una nueva información. Pero nuestra querida Marita tiene como propósito traer la sanación al árbol en el orden de la pareja, sobre todo, y de la mujer erótica bien vivida. En beneficio propio y de sus hijos. La sanación llega logrando de manera consciente una pareja de amor, con complicidad, proyectos. Y una familia donde crecer ya es seguro.

No como la abuela, ni como su madre, sino como ella misma.

EL SÍNTOMA: UN SOUVENIR DE UN MOMENTO DE TU VIDA

Muchas veces nuestra interpretación de lo sucedido no es justa con la historia de los protagonistas. Me refiero a que enjuiciamos, criticamos y hasta maltratamos a quienes hacen algo que no es lo que esperábamos que hicieran.

Pretendemos que el otro diga y reaccione como yo creo que debería hacerlo. "Porque es hombre y los hombres tienen que…"; "porque es mujer y las mujeres deben…"; "porque es mi padre y a los padres les corresponde…".

Y podemos seguir hablando al respecto sin una salida a una charla vacía de soluciones, cada vez más enojados, indignados y abatidos porque no hay consuelo. Todo parece perdido y hasta dan ganas de abandonar.

Sin embargo, hay una acción simple, una intervención que desarticula seguir entrando a estos encuentros que nos dejan abatidos:

La próxima vez que alguien te diga: ¿Sabés lo que hizo? ¿Podés creer que…? Este tipo es un…"; "esta mina es una…". Vos, respirá profundo. Tomá distancia mental del relato del otro, que en breve puede absorberte y pegarte a su historia… y SOLO por un instante SOLO ESCUCHÁ. *No interpretar es la clave.*

Porque la anécdota que te está contando está guionada y quien te la relata está viendo a través de sus interpretaciones. Hablándote más de SÍ MISMO que de lo sucedido. ¡He aquí la trampa!

Empatizamos tanto… Queremos tanto ser reconocidos que le damos la razón, pero asumimos la historia que nos cuentan como hechos reales, puros y ciertos. Pero quien nos habla, lo hace desde sus emociones, su dolor y su propia historia personal.

Es decir que una biografía "concentrada" en una persona se reúne con otra persona que tiene su propia biografía. Ambas desarrollan un relato de interpretaciones a partir de sus propias historias. Estos no son hechos, sino la imagen especular de lo sucedido.

Sabemos más de quienes relatan escuchando y cómo nos lo dicen que de lo que sucedió en realidad.

Como verás, en este punto mi propuesta es ser compasivo con el otro.

Ser compasivo no es aceptar lo que me duele sin hacerme cargo de la emoción y abandonándome en mi compañía a mí mismo. ¡No! Me refiero a que antes de reaccionar enjuiciando al otro, detengo mi cabeza en su *rumiación* para dar lugar al saber que cada gesto que el otro hace tiene detrás una biografía que la sostiene.

Acompañame, por favor. Te voy a contar una consulta que disfruté vivir y que reúne síntoma e historia.

El regalo de cumpleaños

Se llama Luciana. Tiene 40 años. Es profesora de escuela secundaria.

Se separó del padre de su hija, con la que convive. Su hija tiene 17.

Motivo de la consulta:

Dolor fuerte en la rodilla derecha desde hace dos años.

Ella es diestra.[3]

Cuando le pregunto acerca de su trabajo y su relación con sus jefes, me dice que es profesora en varias escuelas de nivel secundario. Que corre de un lado al otro y que nunca para.

—Yo creo que mi dolor en la rodilla es por eso. Fui a varios médicos que me derivaron a traumatólogos. Hice fisioterapia. Me han medicado. Pero aun así no consigo que el dolor se vaya.

Le pregunto cuánto hace que lleva ese ritmo de trabajo.

—Desde que me separé. Hace diez años.

—Si hace diez años que corrés, ¿por qué hace solamente dos años que te duele, y por qué solamente la rodilla derecha? ¿Acaso la izquierda no está corriendo a la par?

—Bueno, es cierto —admite y se ríe—. Pero no encuentro los motivos y ya no quiero seguir estando con este malestar.

Muchas veces el dolor genera que el cuerpo se adapte más y tengamos un síntoma persistente, pues sigo en la misma situación de malestar y viviendo con el dolor que me hace sentir que esa parte de mi cuerpo no está bien.

---

[3] Al final del capítulo te explico la *lateralidad* y por qué es importante saber qué pierna es la que le duele.

En este caso sería: "mi rodilla no es suficiente para mantener el ritmo que me impone mi manada".

—Luciana, hace dos años tenías 38. ¿Qué situación de "no es suficiente lo que hago" estabas percibiendo? —le pregunto.

—Hace dos años mi hija cumplía 15 años. Le hicimos una fiesta. Y para poder cubrir los gastos me agregué horas de trabajo. Luego, no deje de tener esa carga horaria extra.

—El padre de tu hija colaboró con el evento?

—¡Sí! Quería pagar toda la fiesta. Yo no se lo permití. Es un padre proveedor. Siempre presente económicamente y es un buen papá también.

—No comprendo: si el papá suele hacerse cargo económicamente de la manutención de tu hija, ¿por qué debiste cargarte de horas extras? Y, lo que es más importante, ¿por qué seguís haciéndolo aún hoy?

—Cuando mi hija se iba acercando a los 14 años yo empecé a idear la fiesta para ella. Cuando le pregunté qué quería para su cumple me respondió: un viaje. Pero yo le celebré la fiesta. Pensé que para viajar tiene toda la vida, pero esta fiesta no se repite.

—Es decir que no escuchaste su deseo y te sobreexigiste al punto de generarte un síntoma por al ritmo intenso al que te sometiste. La pregunta correcta sería: ¿PARA QUÉ te cargaste tanto?

Este comportamiento pone en evidencia algo que se vivió mal en su familia, por eso le pregunto:

—Luciana ¿qué número de hija sos?

—De papá y mamá soy la única. Tengo medios hermanos de parte de mi padre.

EL SÍNTOMA: UN SOUVENIR...

—¿Cómo te llevas con él? Con tu padre, me refiero.

—Como puedo. Hace años que no nos vemos, eventualmente por algún cumpleaños.

—¿Tuviste fiesta de 15?

—¡No! No había dinero así que le pedí un vestido lindo por lo menos para poder ir a los cumpleaños de mis amigas. ¿Sabés lo que me regalo? UNA HELADERA. Un viejo bruto. Insensible. Una mierda de padre. Por suerte no me parezco en nada a él.

Su gesto era de muchísima bronca y claramente podía argumentar durante horas, el porqué para ella su padre era bruto.

—Luciana, a tus 15, vos le pediste algo a tu papá, ¿verdad?

—Sí

—¿Qué hizo él?

—No me escuchó.

—Y vos, ¿escuchaste la necesidad de tu hija?

—Eh —duda—, creo que no.

—Bueno, ya ves que tenés algo en común con tu papá. Debe haber una razón por la cual en esta familia se regala algo que es más importante para ustedes de lo que sería escuchar el deseo de sus hijas. Luciana, contame de tu abuela paterna. ¿Qué sabés de ella?

—La historia que me contaron es muy triste. A mi abuela casi no la conocí. La vi un par de veces, mi papá se vino a la ciudad y ella se quedó viviendo en otra provincia. Sé que la abuela era la mayor de alrededor de once hermanos. Huérfanos de padre. Y que la mamá, mi bisabuela, la cambió por un animal de granja, para poder darle de comer a sus hermanos. Se fue a vivir con ese hombre y se escapó después.

—¿Tu papá es hijo de ese hombre?
—No lo sé.
—Esta es tu historia. Como tal, merece ser conocida y revelada para ser liberada.

Tradicionalmente las fiestas de 15 años son la presentación en sociedad de una hija, para conseguir un pretendiente y formalizar una unión matrimonial. Se calcula luego del desarrollo sexual femenino, mientras que la presentación en sociedad a los 18 años del varón remite a la mayoría de edad, considerado el tiempo de educación necesario para haber recibido los saberes y convertirse en adulto responsable, que puede firmar instrumentos comerciales dentro de un marco legal. Es decir que, si su abuela fue cambiada por un animal de granja para irse a vivir con un hombre, ella ya sería madura sexualmente.

—Sí —me aclara—, la abuela era adolescente.

—Luciana, ¿te acordás del momento en que tu papá te obsequió la heladera?

—Yo llegaba del colegio y él vino en una camioneta de un amigo y juntos descargaron la heladera.

—Por favor, ¿podrás entrar en esa escena y volver a sentir ese momento? Cerrá tus ojos. Respirá hondo.

Hacemos una inducción a la relajación profunda. Cuando constato que lo hemos logrado, le digo, en tono bajo y de manera pausada:

—Tenés 15 años. Volvés del colegio. Mirá tu ropa. Cómo vas vestida. Fijate si llevás tu mochila o los libros con vos… Entrá a tu casa. Buscá a papá. Observalo. ¿Cómo es su gesto? ¿Está serio o está contento?

—Está contento. Él sonríe. Está feliz.

—¿Qué hace?

—Está parado al lado de heladera. La abre y me la muestra.

—¿Qué te dice?

—"Mirá, hija. ¡Esta heladera es para vos!".

—¿Vos que pensás?

—No entiendo. ¡¿Por qué me hace esto?!

—¿Qué sentís?

—Tristeza. Un nudo en la garganta. Quiero llorar.

—¡Decile lo que pensás!

—¡Sos un viejo de mierda! —grita—. ¡Nunca hacés lo que te pido!

Luciana rompe en llanto. Le doy tiempo para que se desahogue.

—Ahora, visualizá a tu lado a tu hija con 15 años. Mirala. Observala. ¿Cómo se llama?

—Luana.

—¿Qué sentís por ella?

—Amor.

—¿Dónde sentís ese amor?

—En mi pecho.

—Conectá con tu sentir. Asociate a él —le pido—. Sentí este amor en tu pecho. Dale lugar en tu cuerpo a ese sentir. Ahora, vas a ir al momento en que Luana te pide el viaje como regalo y le decís que vas a celebrarle la fiesta. Por favor, mirala y decime: ¿cómo es su expresión?

—Está muy seria.

—Acercate, abrazala y decile lo que sentís por ella.

—Te amo, hijita. ¡Tanto te amo!

Ella se emociona.

—Ahora vas a mirar a tu papá nuevamente. Él está mostrándote su regalo. Desde este amor que sentís en tu pecho. Observalo, por favor. Ahora, sentí su alegría y decile: "papá, ya comprendí cómo se siente ser padre y equivocarse". Abrazalo. Date unos minutos para hablarle desde el amor que sentís.

Se emociona. Llora, respira.

Su rostro se relaja.

—Despejada y en gratitud con vos por este encuentro con vos, a tu tiempo, vas a abrir tus ojos. Luciana, tu padre te regaló una heladera como gesto de amor dándote garantías de que para vos había comida. Garantizándote que tenías un lugar seguro a su lado. Él no iba a permitir que *la historia de su madre* se repitiera con vos. Esta es la razón por la cual vos doblegaste tu carga horaria de trabajo, aún sin tener la necesidad, al cumplir tu hija la edad en la que se sucedieron los eventos traumáticos de tu familia, se activa la memoria de lo sucedido en vos.

—Esto es muy fuerte para mí.

—Luciana, ¿cómo te sentís?

—Quiero ir a ver a mi papá —me dice con un gesto, sorprendida.

Nota para vos y para mí:

Todos, absolutamente todos y todas tenemos temas que pueden dolernos en relación a los eventos de nuestra infancia.

Maduramos al saber que nadie puede quererme como yo quiero que me quieran, sino como el otro puede hacerlo.

Llevar paz a los recuerdos es la manera de estar en calma con el pasado. Que de ninguna manera es negarlo, sino tener la valía de mirar de frente lo ocurrido.

No puedo cambiar los hechos del pasado, eso está claro. Pero sí mi percepción de lo sucedido.

Dejar de revivir en mis pensamientos los eventos traumáticos para darle mi poder personal será una manera de gestionar mi realidad.

El borrón y cuenta nueva es una utopía.

Ya sabemos que el cerebro y la mente no consciente guardan las memorias de lo sucedido.

Elegir llevar un recurso de sanación cuando identifico lo que de mi pasado me duele, sin "intencionar" más pasado de sombras, es amorosamente liberador para mí y luego enriquecedor para mis herederos de información: mis hijos y nietos.

Acerca de la lateralidad (si sos diestro o zurdo)

¡Ser derecho o zurdo no es lo mismo para las Leyes Biológicas! Tomate un ratito para seguirme en esta explicación que te va a sorprender.

Desde las Leyes Biológicas, descubiertas por el doctor Ryke Hamer, un médico alemán fallecido en 2017, sabemos que los síntomas o las llamadas enfermedades son adaptaciones biológicas sensatas a situaciones que sucedieron en nuestra vida, y que si se mantuvieron en estado de estrés por mucho tiempo o reiteradamente, se le puede agregar la etiqueta de "crónica", y hasta a veces la llamará "degenerativa" un profesional de la salud. Pues eso es porque el organismo sigue adaptándose tantas veces como el estímulo o la situación se me presente.

Desde esta perspectiva, que lleva 35 años de verificación, entendemos que existe el llamado "sentir biológico". Este sentir biológico es cómo percibe *mi animalito interno* a la situación que se presentó de manera abrupta e inesperada.

Es una reacción visceral *no-pensada* a lo que me sucede.

Podrás explicarme después de un susto lo que pensaste. Pero en el momento del shock, tuviste una activación inconsciente de tu cerebro atávico, que es el cerebro instintivo, el cual sabe mantenerte a salvo mediante una reacción urgente. Lo hace poniendo a disposición del usuario todas las respuestas hormonales, de oxígeno y sangre, para ser más rápido y preciso, para lograr la reacción más adecuada a la situación. La reacción puede ser *atacar*, *huir* o *desmayarme* (hacerme el muerto).

Es decir, yo tendré una respuesta inmediata (sin mediar la mente) a un estímulo que sucede en mi medio. Puede ser un ruido fuerte como el de un choque de autos, un grito súbito, un estruendo como un trueno o un disparo; una noticia inesperada, como un despido, una muerte, un accidente; una situación que aparece de golpe, como intrusos en mi domicilio, desconocidos cerca de mis hijos, cruzarme con mi ex, etcétera.

Quienes estudiamos las Leyes Biológicas, sabemos que la lateralidad es muy importante. Como te dije,

> **Ser diestro o zurdo no es lo mismo para la biología.**

En líneas generales, si sos diestro, tu lado fuerte y predominante será el derecho.

Si sos zurdo, o ambidiestro, el lado izquierdo será tu lado fuerte y predominante.

Recordemos que somos mamíferos y **respondemos al orden natural de una manada.**

Los diestros y zurdos tienen intereses y maneras diferentes de percibir las situaciones y afrontarlas.

Es decir, no resolvemos igual. No se nos "afectan" los mismos órganos, ni tenemos los mismos diagnósticos.

Esto merece varios capítulos, pero con saber un poco al respecto alcanza para que lo tengamos en cuenta y consideremos su importancia. Se calcula que el 30 por ciento de la población es zurda y esto tiene su sensatez. La lógica a la que respondemos es que, si la mayor cantidad de miembros de una manada son diestros y "equivocan la dirección" o las decisiones de un grupo pudiendo extinguirlo, quedarían los zurdos y zurdas como la llamada "reservas" en caso de catástrofe.

Así, la naturaleza, en sus millones de años de evolución (unos 3.500 millones de años) nos ha dotado de soluciones que llamaremos *adaptaciones biológicas*. Biología, por cierto, significa *la lógica de la vida*.

Si una hembra es diestra posará su hijo sobre la mama izquierda para disponer de su lado dominante en caso de que alguien o algo atentara contra su cría.

Hacé memoria: ¿de qué lado posabas a tus hijos, sobrinos o niños? Vas a notar que seguías cocinando con la otra mano o llevando la cartera, o disponiendo del otro costado para defenderlo en caso de que quisieran atacarlo o quitártelo. Es decir, tu mano fuerte queda disponible para la acción.

Por tal motivo, identificaremos los vínculos de autoridad —padre, jefe, parejas— sobre el costado del cuerpo derecho. Como en nuestra consultante, Luciana. De esta manera, quedan la madre, la suegra, el hijo y a quienes se cuide sobre mi costado izquierdo. También esto incluye mascotas, por ser muchas veces en nuestra percepción hijos de sustitución.

Pero si sos una persona zurda, o las llamadas ambidiestras, posarás a tu cachorro del lado contrario, es decir, del lado derecho, para que la mano izquierda quede disponible para la acción. Es por ello que en el caso de Luciana se manifiesta el síntoma sobre su rodilla izquierda. Este conocimiento nos permite saber de su esfuerzo por lograr estar "a tono" con la exigencia que se impuso para lograr su objetivo de madre. Diremos que se siente "desvalorizada" por no ser "apta" para estar al ritmo de las exigencia de la maternidad. Son estos términos muy utilizados en el lenguaje descripto por el doctor Hamer para remitirse a los sentires biológicos de la percepción animal y responden a la quinta esencia o Quinta Ley Biológica.

Una nota para los ambidiestros:

Según las Leyes Biológicas, no existen los ambidiestros, sino "los zurdos biológicos, diestros sistémicos". Es decir, para la sociedad, para el grupo (para la tribuna, en otras palabras). Ahora bien, ¿por qué? Porque la biología se adapta a los eventos traumáticos que nos han sucedido y guarda la memoria de estos eventos dando ventajas a las nuevas generaciones.

Entonces, un ambidiestro es el resultado adaptativo de lo que se vivió mal siendo zurdo. Por ejemplo, en la antigüedad, la educación cristiana podía pegarle en la mano a un zurdo o atarle el brazo para corregirlo, pues se consideraba que Jesús estaba sentado a la diestra del Padre. Entonces, los zurdos estarían sentados a la siniestra (y serían siniestros). Así que me adapto para que no me peguen, me muestro diestro, pero en realidad soy zurdo y en general, un buen deportista que patea, pega o lanza con ambos costados. ¿No te enamora este conocimiento?

Capítulo 4

VOS Y TU FACHADA

Vamos hilando algunas ideas. Te pregunto:

¿Cuántas veces sentiste una emoción… pero pusiste cara de otra?

Dale, hacé memoria.

Alguna vez que te pidieron que hagas algo, respondiste que sí y sentiste que no tenías ganas…

Cuando alguien que querés te dijo: "me voy de viaje", y dijiste: "¡buenísimo, disfrutá!", pero sentiste otra cosa en el cuerpo. Tal vez *una suerte de bajón*, te sentiste flojito, flojita.

O cuando le apareció un amigo o una amiga a tu pareja, y con una sonrisa enunciaste: "qué buena onda", pero sentiste inseguridad…

A esto se le ha llamado *emoción social* y *emoción oculta*.

Hay emociones que nos dan fuerza y otras que nos hacen sentir débiles. Todo en el mismo envase, en el mismo cuerpo. Son para reaccionar y atacar, salir corriendo o echarte al piso; ahí mismo donde estés.

Y todo esto sucede internamente mientras tu gesto es siempre el mismo.

Todos tenemos una *emoción protagonista* desde la cual nos vinculamos y reaccionamos la mayoría del tiempo. Esta emoción puede ser nuestra carta de presentación, el rasgo por los que otros suelen describirnos. A algunos no llaman "quejosos", a otros "predispuestos", o "malhumorados", otros somos "reaccionarios, o "distantes", o "buena onda", "alegres"... etcétera.

Sin embargo, debemos sincerarnos: esta es una fachada, una máscara necesaria que nos permite pertenecer a nuestro origen, es decir, a nuestra familia. A esta emoción se la ha llamado *emoción social*, pero nada tiene que ver con cómo nos sentimos en realidad.

Digamos que es para los espectadores que nos miran, es la actitud que más fácil nos sale, porque es la más practicada.

Es tal como el boxeador retirado que sabe ponerse en guardia, o la bailarina que asume su postura erguida sin ningún esfuerzo.

> **Es decir, así me muestro,
> pero así no es como me siento.**

En familias donde romper muebles, insultar o quejarse es entendido como ser fuerte, no está permitido demostrar tristeza, porque tal vez la tristeza sea interpretada como debilidad.

En familias donde ser muy pasivos y estar apesadumbrados, mostrar bronca o reaccionar puede ser definido como ser violento, y eso está mal visto.

Digamos que la *emoción oculta* es la que me opera internamente. La que siento en mi pecho. En la boca del estómago. En la garganta. En las manos y –hasta me han mencionado en la consulta– en los pies.

La *emoción oculta* pide reaccionar, pero no puedo dejarla salir, porque pondría en peligro mi lugar en "mi manada".

Algunos ejemplos:
- Un hijo que reacciona frente a su padre tal vez deba atenerse a las consecuencias del reto
- Quitarle el juguete a mi hermano mayor es arriesgarme a que me pegue.
- O si le quito el juguete a mi hermana menor, debo saber que ella va a llamar a mi mamá.

Somos modelados por el ambiente en el que crecemos. Al nacer, la familia nos da forma para pertenecer a ella. Adaptamos nuestros modos y conductas y repetimos las que nos muestran.

Las neuronas espejo –o *neuronas especulares*– tienen mucho que ver al respecto. Son el resultado de nuestra evolución. Imitamos el medio en el que nos encontramos porque ello nos da garantías de supervivencia.

Algo así como la frase que me decía mi mamá: "a donde fueres, haz lo que vieres".

Hay en las redes un video circulando que me llama mucho la atención. En él, se ve un nene de aproximadamente 4 años con un arma de juguete; cuando a su lado pasan dos policías él los apunta y dice "a la yuta hay que quemarla"[4]. Está clarísimo que los nenes no sabemos de la *yuta*, de apuntar con armas ni que a la policía hay

---

[4] "Yuta" es policía en lunfardo rioplatense. Y "quemar", en lenguaje *tumbero* (carcelario) es matar.

que "quemarla", ¿verdad? Sin embargo, a determinada edad ¿será necesario seguir haciendo lo que nos mostraron o es momento de atender lo que nos sucede cuando nos está sucediendo en el cuerpo?

> *...Tal vez esta podría ser la*
> **NUEVA EVOLUCIÓN** *en el mundo personal.*

La lealtad a nuestra familia nos hace mantener nuestra fachada para seguir perteneciendo y no alterar el orden de nuestro grupo.

Queremos pertenecer. Ser reconocidos. Ser amados.

Inclusive puedo desatender las emociones que me incomodan, si eso me da la posibilidad de seguir siendo parte de mi grupo. Puedo negar el dolor físico por mucho tiempo si este evidencia que no puedo seguir haciendo algo para mi familia. ¿Acaso una madre reconocería sentir un dolor en su brazo que le significara no poder cargar a su bebé?

Si soy la hija mayor y mi mamá estuvo todo el día renegando con la casa y mis hermanos, ¿le diría que me siento mal? En muchos casos no, por riesgo de dejar de ser la nena que siempre colabora con ella; así que me guardaré lo que me pasa y seguiré siendo "la buena niña".

Quienes trabajamos con las Leyes Biológica sabemos que:

EL DOLOR FÍSICO ES IGUAL AL DOLOR EMOCIONAL QUE SE SOSTUVO EN EL TIEMPO.

¿Y qué es un dolor emocional? Un problema o conflicto que lleva tiempo sin ser atendido por mis valores y habilidades. Es decir, un sentir profundo que no escucho, que niego o reprimo.

Entonces:
El problema es una oportunidad de poner nueva información.

Algo así como:
si te duele, dejar de abrazar el cactus es una buena estrategia.

Pero... ¿cómo logramos poner nueva información? ¿Cómo hacemos el cambio?

Como humanos –condicionados por el cerebro atávico– es difícil hacer cambios. Para el cerebro viejo e inconsciente, si salimos vivos del día anterior, entonces, tan mal no nos fue. Por ello es probable que repitamos patrones, conductas y hasta los mismos pensamientos durante días e inclusive años.

 DEJAR DE ACTUALIZAR EL PASADO
es la clave.

Según el doctor A.K Pradeep, especialista en neuromarketing, el 95 % de las decisiones que tomamos se gestan en el subconsciente. Es como si fuéramos por la vida en piloto automático, repitiendo los patrones de conducta, pensamientos y decisiones pasadas. Esto significa que volvemos a hacer casi la totalidad de los hechos de ayer.

Cuando vivía con mis padres fui promotora de un agua mineral nueva que salía al mercado. Me recuerdo al gerente de marketing de aquel momento decirme que su aspiración era que en la foto de la mesa de luz en el hospital se encontrara nuestra agua y no la que era líder por más de 50 años y que se presentaba como el hábito de consumo. Es decir, que decidimos por repetición y hasta compramos lo que nuestros padres compraban. Entonces, tenemos apenas un margen del 5 % para hacer una mínima modificación.

Pero,

—¿Por qué tan chiquita es nuestra chance de cambio?

—**Porque resulta más seguro para mí y mi especie repetir que improvisar.**

Por eso cuesta tanto cambiar hábitos como el sedentarismo o comenzar a comer más sano.

Ahora, te propongo que traslademos este conocimiento al ámbito de las relaciones. Ya sabemos que es más fácil repetir que cambiar. Entonces, ahora entiendo por qué me costó tanto dejar una relación de mucho tiempo que me estresaba. Porque abandonar un hábito nocivo y realizar algo positivo podría ponernos en aquella frase de "mejor malo conocido que bueno por conocer".

Resulta que consumir energía no es bueno para nuestra naturaleza. Mientras que permanecer con el mismo gasto energético sí, eso sería lo sensato.

Es probable que tenga relación con los inicios de nuestra historia. Según algunos antropólogos, hace miles de años, en África, las comunidades, como organizaciones sociales, constaban de treinta o un poco más de miembros. Si querías hacer la tuya, hacer algo diferente o no acatar las decisiones de la mayoría, eso te ponía en peligro, porque si te quedás solo, ¿quién te cuida? Entonces, una vez más, mi mamá tiene razón cuando aún hoy me dice:[5]

"Ahí donde fueres, haz lo que vieres".

Habrás notado que hasta cuesta pensar cosas nuevas e incorporar conocimientos diferentes. Porque, para nuestra naturaleza, lo importante es mantenernos vivos y no gastar energía.

Respiremos, que no hay condena.

¡Sí y recontra sí, podemos girar y cambiar la dirección!

Pero de manera segura, paulatina, jamás abrupta ni drásticamente. Si lo que queremos es un cambio que permanezca en nuestra vida, si lo que queremos es lograr una modificación que se quede haciendo historia y no que sea solo anécdota, necesitamos:

UN PEQUEÑO CAMBIO

FÁCIL DE SOSTENER

y MANTENERLO POR 40 DÍAS.

(los primeros 21 días son los más importantes)

De esta manera, logramos un:

HÁBITO

y así,

UNA NUEVA REALIDAD.

---

[5] Tantas vueltas y tantos años después los antropólogos, neurocientíficos y las Leyes Biológicas te dan la razón. ¡Te amo, ma!

Por ello, el autoconocimiento y que estés leyendo cosas diferentes es solo para valientes que se comprometen en generar un cambio. Primero, en su mundo personal, y luego, en la suma de las voluntades individuales, el cambio se vuelve social y planetario.

Por eso, te digo:

Gracias por detenerte a pensarte renovado, renovada.

Gracias a vos... por tanto.

Te presento el...
...Proyecto Sentido

Este es un tema fascinante que nos contiene a todos. Es el llamado Proyecto Sentido. Se trata de un ciclo en nuestra vida que nos marca la tendencia del resto de nuestras vidas en cuanto a las habilidades, el temperamento, el carácter...

Abarca los nueve meses antes de ser concebidos por nuestros padres y hasta los tres primeros años de vida. En esta etapa, somos "programados" como si fuéramos un jueguito de *Play*.

¿Por qué hasta los 3 años? Según los pueblos originarios, es el momento en que el padre toma al hijo y lo lleva al exterior de la "cueva" para mostrarle el mundo y comenzar su educación. Se logra el destete del hijo y la madre recupera su hegemonía con su cuerpo dando paso a su erotismo, volviendo el deseo sexual, para dar lugar a otra posible concepción.

Recordemos que por la baja supervivencia que tenían los niños, pueblos originarios como los yámanas no concedían un nombre a sus niños hasta casi los 3 años de vida.

¿Qué es, entonces, el Proyecto Sentido?

Un ejemplo que suelo dar es el de la plastilina. ¿Viste esa masa de diferentes colores con la que jugábamos de pequeños? Viene envuelta en un papel celofán. Como sabrás, es imposible sacarla de él sin dejar huellas. Bueno, el **Proyecto Sentido para mí es esto: una etapa de formación y desarrollo en donde todo nos deja necesariamente una huella, una marca, una información.**

¿Y cuáles serían esas experiencias que nos programan?

Todo lo que han vivido nuestros padres, ya sea juntos o separados, y las situaciones vividas por mamá casi un año antes de mi concepción. Todo eso más las experiencias que en el útero sucedieron.

El útero. La caja negra del avión

Cuando sucede un accidente aéreo los peritos buscan en la caja negra lo sucedido, pues contiene el relato grabado de todo lo que ocurrió en el vuelo.

El útero funciona igual. Tiene en sí mismo la historia de lo vivido por mi madre, los bebés nacidos y los no nacidos, los abortos, los abusos... Si hubo duelos o muertes violentas mientras estuvo embarazada de mis hermanos... Cómo se vivieron los ciclos femeninos... Recordemos que cuando una mujer se embaraza, las experiencias que ella transite activan mediadores hormonales que serán recibidos por el bebé a través del cordón umbilical. Este se contrae evitando que el oxígeno y la sangre transiten por él fluidamente. Es decir, las experiencias de mamá son mis experiencias. Su estrés es mi estrés. Así como sus sueños... son los míos.

Ahora bien: ¿qué es concebir? Es el momento en que mi madre se entera de que está embarazada. Es decir, toma conciencia de que estoy en su útero. Ahí nazco en su consciente y soy concebida por ella. El impacto emotivo de esta novedad es mi primera percepción de que existo a través de ella.

He aquí mi primer registro de mí.

Lo cual –bien sabemos– puede ser bueno o malo por múltiples razones.

Recuerdo el caso de una mujer que le oculta el embarazo a su padre y en su lugar le informa que iba a casarse, a lo que el padre le responde: "hija, no te cases. Te financio un viaje por el mundo. Podés tomarte un año sabático y si a tu regreso aún deseás casarte, te doy mi bendición". Mi consultante quedó sorprendida y desorientada. Su mayor deseo era viajar, lo cual le había sido negado durante su juventud por sus padres. Ella respondió que aún así decidía casarse.

Ahora te cuento cual era el motivo de consulta de ella: el pánico al sexo que tenía su hija. ¿Cuál era la razón? Su hija había nacido con el himen septado –o tabicado–. El himen es una membrana de tejido que cubre parte del orificio de la vagina. Es el que se rasga o desgarra en la primera penetración, aunque también puede romperse en una masturbación, realizando actividades físicas como montar a caballo, etcétera. En la antigüedad, es lo que se esperaba sucediera y se lo definía como "perder la virginidad", por lo cual se exhibían las sábanas como demostración de "pureza" en la mujer. Aunque también se usaba una tripa de gato para simular esta demostración. (¡Creeme cuando te digo que esta profesión hace que te aburran las series!). Cuando el himen está engrosado se lo define como septado o tabicado. Desde las Leyes Biológicas, su propósito es impedir la penetración. ¿Qué tal?

La hija de mi consultante, producto de varias situaciones que la habían afectado al querer iniciarse sexualmente y ser sometida a una operación que había hipersensibilizado la zona, no quería tener intimidad sexual de ninguna manera.

¿Y a que no sabés a qué se dedicaba su hija? Era una chef internacional que viajaba por el mundo estudiando y trabajando.

Una vez observado lo sucedido durante el embarazo de su hija, mi consultante comprendió que su "niña" reparaba en su profesión su deseo de viajar y que se garantizó en una adaptación biológica sensata que su propósito no sea impedido por un embarazo.

Le sugerí que hablara con su hija y le contara la historia. En definitiva, se trata de la memoria más remota de ambas, como la unidad que alguna vez fueron. Una unidad llamada Proyecto Sentido.

Y vos, que me estás acompañando... **¿sabés cuál es tu Proyecto Sentido?** ¿Sabés todo lo sucedido con tus padres antes de concebirte y durante el embarazo? ¿Qué ocurría entre ellos? ¿Cómo estaban? ¿Cómo se sintieron al saberte en el útero de tu mamá? ¿Qué hizo la familia con la novedad? ¿Qué esperaron a partir de tu nacimiento? ¿Qué proyectaron sobre vos?

¿Tenés presente cuál es el Proyecto Sentido de tus hijos?

¿Cómo te sentiste mientras veías crecer a tu hijo o hija? ¿Qué te pasaba durante el embarazo? ¿En qué pensabas? ¿Qué cosas sentías? ¿Cuál fue tu reacción al saber futuro padre o futura madre? ¿Cómo estabas con tu trabajo? ¿Y en tu casa? ¿Tus necesidades básicas estaban cubiertas? ¿Y las personales? ¿Y tu salud?

Una vez llegó a mi consulta una madre muy preocupada por su único hijo.

—Me quita el sueño. Duermo a los saltos. Tengo miedo de que suene el teléfono y me avisen que le sucedió algo. Se vive lastimando desde chico.

Ciertamente, razones no le faltaban. A lo largo de los más de 30 años de su hijo, los accidentes iban desde andar en bicicleta y quedarse con el manubrio en la mano, terminando en la guardia médica para operarle el rostro, a la actualidad, en que trabaja en un taller mecánico y una vez, estando en la fosa, un auto se le cayó encima. Tuvieron que llamar a los bomberos y pedir una grúa para resolver la situación.

Entonces, le pregunto:

—¿Su hijo, es un "hijo accidente"? Me refiero a que si su embarazo fue producto de un accidente.

En ese instante empalidece, me pide que le sirva un vaso con agua y se saca su ropa de abrigo. Según las Leyes Biológicas, tener sed es entrar en solución de algo que al fin voy a decir. Entendí que, para mi consultante, esa historia necesitaba ser contada.

Ella me responde:

—Cuando yo estaba de novia a punto de casarme con mi único marido, volvió de un viaje un chico que, durante toda mi secundaria, había sido mi gran amor. Durante ese periodo, no podía sacármelo de la cabeza. Lo pensaba todo el día, le dedicaba poemas. ¡Mi mamá decía que estaba obsesionada con él! ¡No quería ni comer, de tanto que me gustaba! Sus padres se fueron a otra ciudad y perdimos contacto. Pero no hubo día en que no lo pensara.

"Un lunes apareció en mi casa con un obsequio. Me contó de su familia y yo de la mía. Me dijo que se iba del país el miércoles.

"El tiempo se había detenido para mí. Me quedaba esa tarde para disfrutarlo. Al otro día yo trabajaba, así que no nos íbamos a ver más.

"Cuando me quise dar cuenta estábamos haciendo el amor. Fue lo más descabellado que hice en mi vida. Yo estaba por casarme y también pensaba que por algo las cosas se nos daban de esta manera, que yo no volvería a saber de él, ni él de mí. En ese momento lo sentí como algo perfecto para ambos.

"A los dos meses... a unos días de mi casamiento, tuve un retraso en mi ciclo menstrual. Lo adjudicamos a los nervios. Bueno, estaba embarazada de mi hijo. Toda mi familia y la de mi marido estaban felices y nosotros, aunque no lo esperábamos, también.

"Íntimamente siempre sentí que es hijo de aquel encuentro y no de mi marido.

"La verdad que sí. Este hijo es un accidente en mi vida".

Le comento que el inconsciente se manifiesta de manera simbólica y denuncia las cosas que se nos han ocultado con el propósito de que sean sanadas con una nueva información. Que si el motivo de la consulta eran los sucesivos accidentes de su hijo, siendo él mismo resultado de una concepción accidentada, tal vez, la forma de darse paz a ella y por ende a este comportamiento, sería contando la verdad. A lo que me respondió:

—Comprendo. Pero de ninguna manera. No estoy lista aún.

Reconoció sentirse aliviada. Y sorprendida de haberse "escuchado" hablar al respecto.

Propuse unos ejercicios para gestionar su preocupación y lograr dormir mejor. Por mi parte, la sesión había sido exitosa.

Al tiempo, me envió un mensaje contándome que ya podía dormir. Que una amiga supo lo sucedido y que, lejos de juzgarla, la comprendió. Pero que aún no sentía que su familia debía saberlo...

A veces, el comportamiento de los que amo cuentan muchas cosas de mí, y pueden provocarme situaciones que me invitan a reaccionar para encauzar mi estado de estrés hacia uno de bienestar y armonía.

Por ejemplo, en la naturaleza, cuando la leona vuelve de cazar está enojada o exhausta, y los cachorritos insisten a mordiscones, juegan y cargosean a la madre provocan el escenario para una reacción de liberación y desborde donde ella gruñirá, tendrá una reacción imperativa sobre sus hijos y marcará un límite. Luego del reto, viene el silencio, luego la calma y luego la normalidad.

Es decir, que como hijos colaboramos con nuestros padres en nuestra inocencia y "sacrificarnos" en un reto para que todo vuelva a la normalidad podría ser bueno.

En el caso que te acabo de compartir, el hijo concebido por un accidente provocaba constantemente a su madre poniéndose en peligro para que ella liberara su emoción oculta, una historia oprimida en su mente, en su ser, durante tres décadas.

Me imagino un diálogo silente donde le digo a mi hijo:

—¡Por favor, haceme la pregunta, que me duele, no aguanto más guardarme esto! ¡Liberame, por favor!

—¡Mamá!

—¿Qué, hijo?

—Necesito hacerte una pregunta...

QUIERO CONCEBIR, PERO NO PUEDO

¿Y si yo fuera mi propio anticonceptivo natural?

Aquí va mi ofrenda
a los cuerpos profanados por el dolor físico, emocional,
el cansancio, el estrés, los tratamientos
y las prácticas médicas dolorosas.
Quiero decirte que siento,
me conmueve y admiro
la fe que se vuelve bastión en la vida de quienes desean
la maternidad y la paternidad.
Tanto me han compartido… tanto transitado. ¡Tanto!
Atesoro cada historia que me confiaron.
Y aprovecho este espacio para ofrecer mi agradecimiento.

¡Gracias, gracias, gracias!

En este capítulo profundizaré en tres cosas que, fundidas, hacen una única sesión:
- Lo que escucho en la consulta.
- Lo que percibe tu biología.
- Lo que cuenta la historia familiar.

Pero para abordar este tema no tomaré un caso de un consultante, sino que te voy a compartir mi historia personal como ejemplo biológico y transgeneracional.

Perdiéndome a mí

Cuando los proyectos, el dinero, las relaciones, el trabajo, las decisiones a futuro están supeditados a si quedamos embarazados, si somos padres, si te doy un nieto, si te hago tío... perdemos nuestras propias referencias. Nos desorientamos. Dejamos de estar para nosotros.

Llevo tanto tiempo escuchando, acompañando, sintiendo tu relato en mi piel, que se estremece al admirarte, en la fuerza que te anima a más, pero que también te rompe.

Te he visto aguantar lo indecible, poniendo el cuerpo a la espera. Poniendo el cuerpo en los tratamientos, al sexo sin ganas y frases como...

- 💟 "Pero nos toca justo hoy, que estoy ovulando y tengo que rendirle a la empresa, no sé cómo voy a a hacer".
- 💟 "¡Estoy ovulando! Y viaja hoy"
- 💟 "Me duelen los procedimientos. No aguanto"
- 💟 "El médico me reta, me dice que soy flojita si me quejo"
- 💟 "Las hormonas que me inyecto me hinchan, me ponen de mal humor e inestable"

O cuando las cosas no están bien en el ámbito familiar, y hubo discusiones con la pareja:

- ♥ ¡Pero tenemos el turno para la transferencia! Hace mucho que lo esperamos, hay que aprovechar y voy intranquila, nerviosa, no es el mejor momento, no podemos perder la cita…
- ♥ Las ovodonaciones… Me traslado sola a otra ciudad donde está el centro de fertilidad… Avisar en el trabajo… O mejor, no decirlo y tomarme los días de vacaciones para hacerlo…
- ♥ Hacerme la práctica en el break del trabajo…

La incomprensión del cansancio, de los cambios de humor… El miedo a que falle el tratamiento, que me hace sentir íntimamente que estoy fallada… Tener que decir que "no prendió" y verles las caras a todos en su decepción, o queriendo disimular con gestos evasivos, o de tristeza o lo que se siente peor: ver que ya no les interesa, porque "estas cosas que yo hago…", porque "viste como es ella", o "ellos", cuando hablan de nosotros…

En fin, son apenas algunas de muchas situaciones que te pasan, que se padecen, que te duelen, que te resienten, que te aíslan…

Entonces, pienso en la frase de Julio Cortázar en su libro *Rayuela*:

"Dejemos que el amor nos haga…"

Hacer el amor como el encuentro íntimo entre dos que se reconocen, se dan seguridad y calma, confianza y valor. En miradas, sobre la piel, con sabores, y olores. Donde una gota de mi sudor y mi saliva es absorbida por un órgano como la mucosa de tu boca o la mucosa genital, o los poros de la piel y entonces vos tomás mi información inconsciente, familiar, biológica y emotiva. Y "me vas a llevar", sin saberlo, durante meses en tu cuerpo.

¿Lo sabías?

Pablo Herreros Ubalde lo explica muy claramente en su libro *La inteligencia emocional de los animales*. Dice que nuestra mucosa bucal es como un laboratorio ambulante "que analiza" en un beso si el otro está sano y es un buen colaborador biológico para concebir.

Ahora, respiro hondo y pausado… y me pregunto:

—¿"Hacer el amor" es para concebir con amor?

—En un mundo utópico y fantasioso, tal vez sí.

Creo que todos anhelamos ser concebidos desde el amor de nuestros padres, y guardamos en nosotros el registro más antiguo de este sentir. Como un lugar profundo en lo íntimo de mi ser, queriendo que ese amor sea mi origen y mi trascendencia.

Me pregunto, también:

—¿Las prácticas para embarazarnos contemplan esta emoción?

—La verdad es que no.

Los pueblos originarios y algunas vertientes espirituales nos dejan ver al cuerpo como un *cuenco sagrado*.

La expresión perfecta de lo sutil hecho materia.

La energía del amor materializada.

Nada en él es equivocado, ni está mal en sí mismo.

Nos dejan verlo perfecto, pero mientras, nuestra percepción del cuerpo es otra. En definitiva, no importa la realidad sino como yo la percibo.

Entonces, ¿qué hago? Le exijo a mi cuerpo. Lo quiero distinto y quiero que se exprese como yo quiero que lo haga. Y que se vea como yo quiero que se vea, y que me haga sentir como yo quiero sentirme.

Y así, en una construcción en mi relación con mi cuerpo que me llevó años de trabajo, de manera impiadosa, me convierto en mi propia tirana.

La biología tiene sus ciclos. Sus procesos. Ancestrales, de millones de años de evolución. Sincrónico con el planeta al que se adaptó. Una ingeniería muy bien organizada.

La cultura y el necesario orden social son mucho más recientes y diferentes.

Nos *des-biologizamos*, es decir, perdimos nuestro ritmo natural. Dejamos de atender los síntomas como el lenguaje con el cual nuestro organismo nos cuenta que algo sucedió y lo enmudecemos con medicación, tratamientos o simplemente corriendo nuestra atención, desoyendo su mensaje. Porque así nos ponemos más confortables. En todo caso, no nos atendemos con gesto compasivo.

Me acuerdo de una kinesióloga que me dijo que ella amaba más el cuerpo de sus pacientes que los pacientes mismos. ¡Y la mayoría de sus pacientes eran deportistas!

Algunos pueblos originarios sabían que para concebir requería la sincronía del ciclo femenino con la contemplación de los astros y la participación de los miembros de la comunidad. Pues QUIEN VA A SER CONCEBIDO es NECESARIO y tiene lugar su alma desde antes de ser engendrado.

Las familias celebraban con rituales para que los dioses de la naturaleza se hagan presentes y que la energía de los ancestros se manifieste. La comunidad vuelca su atención en la pareja que va a concebir, aportándole calma y consejos a los jóvenes, comprendiendo que se dará lugar a la posible encarnación de un alma sabia que trae las respuestas, habilidades y conocimientos necesarios a su tribu.

En nuestra sociedad las cosas tienen otros tonos. Ni mejores, ni peores, solo diferentes, y muchas veces funcionales al contexto en el que nos desarrollamos.

Mi amor por el deseo de maternidad, muchas veces, me lleva a ponerme en el extremo de abandonarme en mi sentir físico. Realizamos prácticas que para transitarlas me debo disociar del dolor que siente mi cuerpo.

Finalmente, hago un sacrificio. Es decir, me estoy sacrificando.

A veces, pienso si someter a mi cuerpo de este modo no será un maltrato que no alcanzo a ver.

Y como mi cuerpo no responde a mi deseo es en el mismo nivel del cuerpo que me someto al castigo.

Entonces me castigo por sentir íntimamente que soy culpable, me realizo malos tratos por perder mi tiempo, al priorizar mi carrera, mis relaciones... Por no haberme cuidado y consumir alcohol, por haberme alimentado mal, por mi estrés. Por postergarme, por elegir mal las parejas... por esto... por aquello... por lo otro... ¡y por eso también!

En épocas en que la lucha contra el abuso al género femenino es la vanguardia del cambio, de una consciencia planetaria de la que todos somos testigos y actores principales, someto a mi cuerpo a prácticas de dolor y de estrés angustiantes. ¿No será un modo de abuso, también?

Una consultante, después de haber realizado varios tratamientos de fertilidad, llegó a mi consultorio para decirme que su médico le dijo que estaba "maricona" porque se había desmayado en la camilla mientras le hacían una práctica que le infringió dolor. Ella, apenada por no ser buena paciente, me pedía turno para que yo "desbloqueara" ese miedo y lograra ser más resistente. ¡Como si el miedo no fuera sensato frente a una práctica que ya sé que me va a doler! Como si desmayarme no fuera coherente para salirme de mi cuerpo porque siento que, aunque sea mi decisión, mi cuerpo percibe el tratamiento como un ataque.

El miedo es tanto... es mucho... a veces es todo, y se cuela en cada rinconcito de mi realidad. Esta emoción visceral, que intento que no se vea reflejada en mis gestos, en mis palabras, en mis conductas...

La consultante y sus miedos se manifiestan a pleno en la intimidad de una consulta. Es el lugar donde el miedo está bien.

Es lógico y lo vamos a atender, lo vamos a escuchar, a abrazar, y luego aprenderemos a llevarlo a pasear como el buen amigo que es.

Porque en definitiva, él –el miedo– sabe más que yo lo que es bueno para mí.

Ahora resulta entendible el miedo a que vuelva a sucederme, por ejemplo, un embarazo detenido en mi útero. Porque entendí que yo me detuve con él y me quedé ahí, desde entonces.

La tristeza de perder un embarazo...

El duelo y no entender cómo se sepulta un "no nacido", ¿acaso no está nacido en mi ser?

Es solo un embrión que no prosperó para la ciencia. Pero... ya me siento madre y estoy sin bebé. Tengo las tetas que me explotan de leche y el útero vacío.

"Aún no liberé el embrión y tengo que ir a trabajar —me dijo una abogada—; estoy representando a mi cliente, no puedo faltar". Ya le había sucedido lo mismo. Esta vez, no quiso informar en su trabajo que estaba embarazada.

...Y podría llenar tomos completos de frases sentidas que expresan lo vivido.

Si esta es tu situación, te invito a mirar desde otro lugar. Te pido que lo intentes, por favor, desde un nuevo paradigma. Una mirada *bio-lógica* (lógica de vida) y transgeneracional del no concebir.

Si tu deseo es la maternidad hay preguntas que debés hacerte Pero, ¡atención!

No estás haciendo las cosas mal. No hay bueno o malo para la biología, sino que hay un escenario en el que me adapto, porque es el medio en el que estoy viviendo. Vamos de a poco, ¿dale?

Empecemos con las...

...Preguntas fundamentales:

Q ¿Cómo se vivió esta experiencia de concebir o quedar embarazada en tu familia?

Q ¿Podría tu dificultad significar una forma de preservación, una forma de *no entrar* en un escenario de dolor?

Q ¿Cómo vivió tu abuela los embarazos? ¿Y el ser madre?

Q El número de hijo que querés concebir (el primero, segundo...), ¿tiene resonancia con alguna tragedia que haya vivido ese mismo número de hijo en tu familia? Es decir, si vas a tener tu segundo hijo, pensá qué pasó con los segundos hijos en tu familia.

Q Si llevás el nombre de algún familiar, preguntate: ¿cómo le fue en este escenario? Si, por ejemplo, te llamás María, ¿cómo les fue a tu tía María, a tu abuela María..?

Q ¿Hubo en tu familia muertes en los partos, pérdidas de embarazos, separaciones dolorosas cuando hubo un recién nacido o un bebé?

Q ¿Faltó alimento para los hijos? ¿Las madres podían alimentarse o pasaban hambre?

Q ¿Es tu pareja un buen proveedor o proveedora?[6]

Q ¿Tu territorio –llámese casa y trabajo– está "invadido" por personas poco confiables como para traer un bebé?[7]

Escuchar la voz de tu animalito interno es la clave. Como si fueras una loba en una manada.

Preguntate: ¿qué necesidades no cubiertas tenés que te impiden concebir?

¿Cómo te sentís acerca de tu territorio? Y la gente con la que vivís y trabajás, ¿son seguros para traer un bebé? ¿Hay peleas, discusiones, malos tratos, indiferencia, violencia, insultos? ¿Te sentís vulnerable? ¿Percibís que nadie puede cuidarte en caso de que te agredan?

---

[6] Para la biología, el que concibe no puede "cazar" igual que antes. Alguien debe hacer la acción de cuidar el perímetro de la cueva y traer el alimento, mientras que el otro debe quedarse custodiando al cachorro.

[7] Es importante saber esto: ¡El inconsciente no ve la pared! Si mi mamá, mi suegra o ex pareja vive en la casa de al lado a la mía, entonces ellos viven conmigo. Esto, en algunos casos, puede ser tomado como una invasión en mi territorio, para mi percepción.

Te cuento algunos casos a modo de ejemplo:

- Una pareja que vivía con el hermano menor de ella. Un joven de 19 años que generaba situaciones problemáticas, en general discusiones con ella y su pareja no intervenía.
- Una pareja que vivía con su madre, que entraba a todos los cuartos de la casa, inclusive la habitación matrimonial, sin golpear la puerta.
- Una pareja en la que el marido trabajaba con su familia y cada día había discusiones laborales con la familia… en la casa de ambos.
- Una pareja que vivía al lado de una casa donde habían frecuentes disturbios e incluso hubo un allanamiento policial.

Ahora, si estás en pareja, algunas preguntas sobre ella:

¿Es confiable para concebir?

¿Te parece sano/sana? Ya sea mental, emocional con sus reacciones, en su arreglo personal o en su estado de salud.

¿Es buen proveedor, proveedora?

¿Es seguro o segura para dejarle un bebé? ¿Te da tranquilidad esa idea?

En caso de que él o ella tenga una ex pareja…

¿Tiene "demasiado" trato o percibís destrato?

¿Cómo se lleva con sus hijos anteriores? ¿Te gusta o no la relación que tiene con ellos? ¿Percibís que los cuida o que los maltrata? ¿Los contempla, los integra en su vida, los tiene presentes? ¿Los provee?

La intuición, que sabe más que nosotros, percibe todo esto como confiable o poco confiable.

Y aquí van más casos-ejemplos:

- Una mujer que tenía una pareja que estaba demasiado pendiente de su ex y de sus hijos. Entraba a su ex domicilio y traía la comida que ella cocinaba a su nueva casa.
- Una mujer que percibía a su pareja como "poco sano" porque fumaba un cigarrillo de marihuana a diario.
- Una mujer que tenía una pareja que viajaba todas las semanas y cuando estaba en su casa, seguía trabajando.

La importancia del tiempo en casa:

La casa es la cueva. Si pasás demasiado tiempo fuera de ella, lo más probable es que tu biología se adapte a estar en "modo cazadora". Sería algo así como masculinizarte para pasar a la acción, por ejemplo, para trabajar una carga horaria superior a las seis horas, donde también contemplamos el tiempo de preparación previo y el tiempo hasta regresar a casa.

¡Atención! Si trabajás en casa, puede ser igual si tu cabeza está muy ensimismada en lo que hay que hacer.

A veces tenemos altos los valores hormonales en sangre del cortisol y no tenemos suficiente progesterona,[8] esto podría no permitirte alojar un bebé.

---

[8] El cortisol es una hormona producida por la corteza suprarrenal. A partir de una fase activa de estrés, nos permite ser más precisos y veloces en nuestras acciones. La testosterona es una hormona esteroidea. Es la principal hormona sexual masculina y está presente también en las mujeres. Colabora para mantener la función del ovario, el metabolismo de los huesos, la función cognitiva y sexual.

Para facilitar la concepción es necesario asumir este rol biológico (no social) y por ello es propicio "afeminizarnos", es decir, **asociarnos con un sentir femenino de hembra que se siente tranquila en su territorio, para que sea seguro traer un nuevo miembro a la manada.** Si mi conducta es estar en estrés para obtener alimento, excesivamente conectada con mi trabajo, dedicándole muchas horas a mi profesión, o pensando en pasar a la acción constantemente, imaginándome todas esas cosas que TENGO QUE HACER, mi naturaleza "leerá" que estoy enfocada en mi supervivencia y no habilitará la posibilidad de un cachorro.

Te voy a contar algunos casos:

Esta mujer tenía una alta responsabilidad como encargada de un quirófano oftálmico. Cada mañana se levantaba a las 5 de la madrugada y volvía a las 19. "Cuando quede embarazada, dejo de trabajar así", me dijo.

Pero justamente la naturaleza se adapta al comportamiento ACTUAL como ÚNICA REALIDAD y jamás a un posible futuro potencial. Su naturaleza en ese contexto y comportamiento diario "leía" que ella estaba por su propia subsistencia, por lo cual no habría disponibilidad para la maternidad.

También atendí a una mujer que estaba a cargo de los cuidados de sus padres. Fuera de su actividad profesional, su tiempo estaba exclusivamente dedicado a su labor de cuidadora. Su naturaleza estaba leyendo que la acción de *madre* ya estaba cubierta.

Dos mujeres estaban en pareja. Una de ellas, la que pasaba tiempo en su casa, no poseía útero y su pareja, quien se realizaba las prácticas para concebir, era una médica, realizaba cuatro guardias semanales y era docente de cátedra de los residentes en el hospital donde trabajaba. Llevaba en su comportamiento la acción de proveer con alta carga horaria fuera de casa, necesariamente masculinizada, y con un deseo sentido de concebir.

Según el psicólogo Armando Scharovsky, fundador del Instituto de Hipnosis Clínica Reparadora, que además de autor de varios libros fue mi profesor, las mujeres luego pueden generarse autocastigos de manera no consciente para no concebir, pues muchas veces no se sienten merecedoras de este regalo de la vida que alguna vez han rechazado.

¡Y no todo es el tiempo que dedico al trabajo! Si mi ingreso económico es muy inestable, si me falta dinero o *percibo* que puede faltarme el alimento –es decir, el dinero– puede esta percepción dificultarme el concebir. (Ya te voy a contar un caso al respecto. Sí, ¡el mío!)

También prestale atención a tu cuerpo y sus **dolores**. Si me duele el cuerpo constantemente, si mis menstruaciones han sido dolorosas, si temo por mi salud, si tengo desconfianza de mis capacidades físicas, si me percibo no apta, débil o enferma… obviamente debemos consultar con especialistas en salud. Es fundamental lograr una buena comunicación con el doctor que elijas, que te sientas a gusto para preguntar todo, hasta lo mínimo, pues **si reviste una preocupación para vos es un disparador de síntomas para tu cuerpo.**

Otro de los factores que tu naturaleza tiene en cuenta y quizás vos no lo tengas tan presente es el **descanso**. Si vivo agotada, si aún durmiendo no me recupero, si me siento cansada mental y físicamente… El cansancio no solamente es físico: si los pensamientos te abruman, te perturban pesadillas y no hay un descanso reparador… es posible que te encuentres en la "fase activa" de una situación de estrés y que al dormir tu biología intente darte la solución reviviendo lo sucedido. A este episodio se le ha llamado **epicrisis**, que es un episodio de corta duración que se presenta en el momento de más profunda relajación con el fin de aportar una solución, según los descubrimientos del doctor Hamer en el marco de las Cinco Leyes Biológicas.

> **No te olvides:**
> **La naturaleza mayormente necesita calma para concebir.**

El estrés sostenido nos mantiene en la percepción de "supervivencia". Por ende, no hay posibilidad de concebir un bebé si no hay garantías de vida para la madre y disponibilidad de cuidados para el cachorro por parte de su progenitora.

Tu árbol familiar nos ilumina el camino hacia el conflicto de origen, para hacer, finalmente, las paces y para poner una nueva información.

Ya podemos preguntarnos el *para-qué* de tanto sacrificio, dolor, miedo, tristeza –y tal vez– juntos sentir que no quedar embarazada o el tener un hijo o hija trató de mantenernos a salvo y preservados.

Y entonces, ¿para qué no puedo embarazarme?

Hablemos ahora de la familia que me concibió y el clan al que quiero traer un nuevo miembro, es decir, mi hijo.

Si **el útero es la caja negra del avión** (tal como hablamos en el capítulo 4) entonces **mi árbol familiar** podría revelarme la respuesta a la pregunta del *para-qué* no quedo embarazada.

Si la biología se encarga de guardar la información de lo sucedido y transmitirla a través de nuestras células, entonces, cada vez que nace un niño, también nace una nueva oportunidad de traer respuestas a la historia familiar.

Quisiera compartirte mi historia personal y de antemano contarte que termina bien.

Es la experiencia de esterilidad y concepción que hace que este sea el tema más fascinante y sensible para mí.

Cada persona en tu familia es fundamental para lo que luego será tu herencia emotiva. Algo así como un pase de posta que tomaste con aceptación y lealtad.

Pensemos que cada historia tiene dos lados o más, múltiples interpretaciones mentales como sensaciones emotivas y físicas, todas juntas al mismo tiempo. Y además, una interpretación puede ser lineal y constante mientras que otra puede ser cuántica y multidimensional, en la que todos los tiempos están obrando al unísono, en especial para el que sabe que siempre hay una razón, más allá de nuestros ojos físicos.

 En este instante, los ancestros conmigo.
En este instante, tus ancestros con vos.

Resonando con la familia

El modo de abordar el relato que te comparto se llama *Resonancia Familiar*. Es un método dentro de la psicogenealogía que se trabaja sin fechas y solo por resonancia, sincronicidades, coincidencias o antagonías.

En esta forma de abordaje buscamos si la experiencia que se trae a consulta es nueva o si ya sucedió en la familia, si estamos por resonancia atrayendo lo mismo o todo lo contrario. (Siempre sugeriremos en la consulta encontrar el equilibrio).

Contiene un LADO A y una EXPLICACIÓN B.

La primera es el resultado de UNA CONCIENCIA y la segunda de un CONOCIMIENTO CONSCIENTE.

Acompañame, que te quiero contar.

"Sos estéril"
(El lado A de la historia)

"Sos estéril", me dice mi obstetra. Y mi mundo conocido se derrumba.

Tengo 26 años. Vivo en pareja desde hace cuatro con un hombre que quiero muchísimo y estoy casada desde hace uno.

Trabajamos en una entidad bancaria. Estuve en el área de cobranzas y me ascendieron. Actualmente soy la encargada del sector prejudicial.

Mi marido trabaja en la misma empresa, siempre realizó la misma actividad como cobrador. (♥A1)

Desde hace meses buscamos ser padres con mucha ilusión, charlas y alegría porque nos hemos animado a más. Las familias de ambos y los amigos, mayormente del trabajo, están al tanto de nuestro hermoso proyecto.

Cierto día, mientras me duchaba, mis senos derramaron un líquido blanco que yo interpreté como una clara señal. Comencé a gritar de la emoción: ¡Estoy embarazada! ¡Estamos embarazados! ¡Vamos a ser papás!

Mi pareja y yo nos abrazamos y guardamos el secreto. Queríamos esperar antes de dar ¡el gran anuncio!

Pedí turno con una gineco-obstetra que, después de una exploración, extracción de sangre y varias preguntas, tomó una muestra del líquido de mis senos para analizar. Y me pidió que volviera cuando estuvieran los resultados.

Al cabo de unos días, regreso a su consultorio. Me da los resultados de los análisis y también el diagnóstico: hiperprolactinemia, lo cual me producía una galactorrea. Esto era el resultado del mal funcionamiento de mi glándula hipófisis. Y con corte profesional, sin la menor calidez, me dijo: "Como tal, vos estás estéril. Olvidate de embarazarte…". De ahí en adelante no escuché nada más…

Es que… todo está sucediéndome en un mismo momento. Me siento alejada de sus palabras como si los muebles, las paredes, el sonido e inclusive la doctora estuvieran distantes.

Mi cuerpo se afloja. ¡No puede ser verdad!, me digo.

Aún siento ese vestigio de alegría que puede volver si me dice que todo esto es un chiste.

Yo vine contenta porque me creo embarazada, ¿cómo es que de pronto estoy enferma?

¿Cómo tengo un diagnóstico y no puedo ser mamá? Íntimamente espero que sea una broma.

No puede estar pasándome esto. No es verdad. Y así, enmudecida, dejé de entender lo que me decía la médica y con angustia me fui del consultorio.

Desorientada, pensaba camino a casa: tengo que decírselo a mi marido. ¿Cómo lo tomará? Soy una mujer. Las mujeres concebimos. Y yo no puedo. ¡Qué voy a hacer! ¿Y si mi pareja piensa que casarse conmigo fue un error? No me lo va a decir. ¡Pobre él! Ambas familias esperan que tengamos sus nietos. ¡¿Qué vamos a hacer?! ¡¿Y ahora, qué?!

Los días se sucedieron en gestos de tristeza, ausencia de deseo sexual y pretextos vanos para no tener intimidad.

Por otra parte, ya no quería verme con amigas que fueran madres ni que estuvieran embarazadas. A los amigos más cercanos los evitaba para que no me preguntaran ese lastimoso "¿cómo estás?" que me sonaba a pequeñas agujas bajo la piel.

No quería ni tocar el tema. Quería esconderme incluso de mi pareja. No encontraba consuelo en ese momento. Básicamente, me sentía rota. Porque me dolía el alma, el cuerpo y mi identidad en cada menstruación

Al cabo de un tiempo, dejamos de hablar al respecto con mi pareja.

La ausencia de deseo sexual y de objetivos en común se encargaron de profundizar las individualidades. Nuestra inmadurez, nuestra falta de inteligencia emocional, le daba cada vez más lugar a las palabras de Joaquín Sabina, que nos rezaba como una sentencia:

"… cada vez más tú,
cada vez más yo…
sin rastro de nosotros."

Al cabo de un tiempo, decidimos separarnos.

La primera en mi familia en dejar una pareja. (Eso, para mí, fue un gran fracaso, no me parecía a nadie en mi familia). A partir de la separación, también pensé que lo mejor era irme de la empresa y, como resultado, de nuestro círculo de amistades.

Tiempo después comencé a verme con un buen amigo de la adolescencia, del colegio secundario. Y me enamoré muchísimo. Era un hombre emprendedor muy comprometido con su trabajo. Era el oxígeno renovador que me permitió un cambio de piel. (♥A2)

Me *situó* en correr mi atención de manera sostenida a una nueva vida. Como era mujer con un nuevo trabajo y nueva pareja, y pocas relaciones que me actualizaran el pasado, las ideas de enfermedad y esterilidad ya no eran una constante para mí. Estaba tomando una nueva forma.

Al cabo de seis meses y pastillas anticonceptivas mediante (para regular mi ciclo menstrual) detecto en mi cuerpo síntomas nuevos: mareos, intolerancia a determinados olores y una suerte de irresistible necesidad de tomar mate de leche constantemente. Nunca jamás me había gustado el mate de leche. Todo era raro…

Decidí hacerme una prueba casera de embarazo.

Y como ya te habrás dado cuenta a estas alturas de mi relato…

Sí, ¡estaba embarazada!

En una nueva vida, ahora nacía una nueva yo.

Nazarena Lucía estaba en mi panza y con ella todas las emociones que hacían que nada fuera del útero me importara realmente.

Yo valía para contenerla, como el envase sagrado en el que se había convertido mi cuerpo. Ella traía una emoción desconocida para mí: había logrado que yo hiciera las paces con mi cuerpo.

Durante su gestación tuve sangrados y debí guardar reposo.

Nuestra hija nació en término (bueno, ambas nacimos, en este punto) por una cesárea que resolvió el obstetra como necesaria, pues yo no dilataba. (♥A3)

Disfruté plenamente de su presencia en mi vida, pero me invadían todo el tiempo los miedos de que algo malo sucediera o que yo me equivocara. Estaba cansada y muchas veces preocupada. El padre se ausentaba por trabajo, por lo cual pasábamos mucho tiempo solas. La responsabilidad era enorme y sentía que debía darle explicaciones a toda la familia. Mi hija era la primera bisnieta, la primera nieta, la primera sobrina y hasta la primera ahijada.

Me sentía abrumada. Era tanto el amor de todos que sentía deberle a todos.

A los meses de su nacimiento, me quedo sin trabajo y me desespero por estudiar lo que es mi actual profesión. Así que a lo poco que dormía le restaba tiempo al descanso para leer lo máximo posible.

Un nuevo orden se imponía. Ya no era posible dejar nada para después. Mi hija me estaba modelando con un cincel de realidad exigente como amorosa. Ambas estábamos en construcción.

Al cabo de cuatro años, un deseo de ma-paternidad nos puso en una búsqueda consciente de embarazo. A los dos meses estábamos llevando un nuevo embarazo. Con la experiencia de lo vivido se sentía como disfrute consciente y aplomado. De aquel diagnóstico apenas quedaría la anécdota.

Mi segunda hija nació por parto natural. En este punto, yo era una mujer primeriza. Aunque estaba contraindicado por los médicos, pues tenía una cesárea previa con una adherencia en la herida de la intervención, es decir, era riesgoso. Mi dilatación sucedió rápido y las contracciones encajaron a la bebé en el canal de parto. (♥A4)

Está claro que ni a ella ni a mí nos interesó si era posible o no un parto en estos términos, pues ya estábamos en él. Ingresamos a la sala. Sentí que éramos dos leonas, que nada podía con nosotras. Así fue que en el tercer pujo nacía ella, mi beba Isabella Bianca. Luego nos dijeron los médicos que logramos un "gran parto".

Los primeros meses sucedieron mientras me recuperaba y la cuidaba. Al cabo de sus cuatro meses una intuición me latía como un nuevo anuncio:

¡Estaba por encarnar mi tercer hijo!

Lautaro Ángel, un bebé que se mostró como un saco vitelino vacío en su primera ecografía. La exclusiva lactancia a su hermana nos decía que era difícil que pudiera haber vida en mi útero en ese momento.

Pero nuevamente, cuando la vida se impone, ella se expresa. Mi hijo nació trece meses después que su hermana.

La tarde de su nacimiento, me fui de casa jadeando y detuvimos el auto dos veces por los pujos expulsivos. El trabajo de parto duró apenas 30 minutos. Mi hijo se integró a nuestra vida en un solo pujo, sin anestesia. La experiencia fue tan intensa que el padre me dijo:

—Me desmayo y vuelvo.

Al pobre hombre debieron socorrerlo.

¿Y por qué mi hijo lleva por segundo nombre Ángel? Porque le pedí a todos los seres de Luz de este Universo, de otros universos e inclusive a los tuyos, que si Lautaro nacía en la clínica y no en el auto, le ponía Ángel.

Así que ahí estaba yo con un bebito de horas de nacido y la visita de su hermanita con apenas un año. Isabella se detuvo en la puerta de la habitación en la clínica tambaleándose, apenas controlaba su andar y trepándose a la cama, corrió el escote de mi camisón y se prendió a mi teta, a la otra teta, mientras con su mano acariciaba la cabeza de su hermano y lo miraba no sabiendo bien qué era, ni qué hacía ese pequeño intruso sobre el cuerpo de su mamá.

Y así sellamos un trío de lactancia. De teta plena. La misma que alguna vez me puso en jaque la posibilidad de maternar hoy me daba abundancia de amor, nutrición y cuidados para mis hijos. (♥A5)

Durante la infancia de mis más pequeños ellos se movían de a pares. Para mi percepción, eran mellizos. Aunque debo decir que fue complejo el primer tiempo, pues Isabella deambulaba y Lautaro quería sentarse. Todo era un riesgo de golpes, chichones y sustos en cada tramo del día. Mi hija mayor empezaba la primaria y con ella los madrugones impiadosos. Yo casi no dormía para poder despertarla a horario.

Fue un escenario de aprendizaje y cambio constante. Y con problemas externos de familia, que me hacían percibirme frecuentemente sola, porque mi pareja viajaba a menudo por trabajo.

La no-rutina solamente me dejaba prever que siempre iba a suceder "algo" que conspiraba con mi deseo de quedarme quieta un rato.

Toda esta realidad me llevaba a conocerme como en un entrenamiento de concentración plena. Era un *mindfullness* aplicado a la vida cotidiana.

Aún así, me las ingeniaba para estudiar y trabajar, lograr mi consultorio y de a una sesión a la vez, encontrar la manera de pararme nuevamente en "mis propios pies", como solía decirme. (♥A6)

Ahora, por favor… ¡¡¡decime que te diste cuenta!!! ¡¡¡Decime que lo viste!!!

¿Acaso no te suena a exageración mucho de lo aquí relatado? Y creeme que está muy simplificado. Es mi historia, es real y duró muchos años.

Te pido que te selles en tu mente esta frase que "me apareció" en una consulta y se ajusta a todas las historias:

> *si es exagerado, es heredado*

Te invito a correr el velo de la realidad que nos mantiene hipnotizados como en un trance. Esta es la historia que me conté a mi misma, mientras las cosas me sucedían, y ahora, veámosla de forma multidimensional. Porque, si bien es REAL, NO es necesariamente CIERTA.

"Sos estéril"
(el lado B de la historia)
*O mejor dicho, ¿**para-qué** soy estéril?*

Entonces fue como abrir la ventana y el aire se renovó, y la luz que ilumina los rincones de mi no-saber me dejó ver lo que ahí siempre estuvo.

El *por-qué* me hacía sentir una víctima y también culpable. Reclamando al cielo que me saciaran esa sed que no se iba a calmar con nada más que la sensatez de un *para-qué*.

Volvamos al inicio de mi relato, con mis 26 años, un marido, una familia, amigos y un trabajo.

La situación emocional que vivo cuando me entero que soy estéril tenía que ser atendida por mí, dándome sentida compañía, durase el tiempo que durase. Experimentando lo que siento, cuando lo estoy sintiendo. Llorando, enojándome, gritando... todo el tiempo que permaneciera la emoción en mi cuerpo y en mi mente, como una grabación repetida.

Con amorosidad, darme buena compañía. Tenía que reencontrarme conmigo en mi pareja y en mi familia.

Debo ser detenida en los pensamientos que son rumiantes y lacerantes para darme paz y la posibilidad de encontrar una respuesta distinta. Una respuesta contenida y compartida con mi marido, que también estaba transitando una experiencia de renunciación y cambio. Debía buscar cobijo en mi grupo y profesionales que tengan cuidado en sus términos a la hora de transmitirme una información.

Pero en ese momento... mi madurez de los veintipico también eran mis sesgos. La frase que solemos decirnos es "éramos chicos", pero hoy entiendo que **no podía ser de otra manera**. No podría haber sido de otra manera considerando cada elemento, las relaciones de ese momento, la información a la que tuve acceso y mis propias creencias, junto a mis sentimientos nuevos. Me sentía desconcertada, miedosa, triste, angustiada...

Mucho más tarde supe acerca del llamado *impacto emotivo* y los *síntomas diagnóstico*. El *impacto emotivo*, en mi caso, es CÓMO percibo lo que la doctora me informa y los *síntomas diagnósticos* son la forma en que mi organismo se adapta a través de mis órganos y conductas a la información que recibí, dando muchas veces lugar a nuevos *diagnósticos o síntomas*.

Acá es donde el papel de víctima y "pobrecita de mí" no tienen lugar de forma sostenida si lo que quiero es una solución que me saque de este lugar. Quiero decirte que nada ni nadie puede economizarte las experiencias de dolor. Lo que duele debe ser socorrido. Al igual que a un niño que llora, primero lo abrazo, luego le pregunto: ¿qué te sucedió?, para saber cuál es su necesidad.

Cuando el dolor recrudece por falta de recursos, falta de atenciones, de abrigo propio y de nuestra familia, se vuelve nuestra carta de presentación. Me vuelvo una queja, resentida, empobrecida emocionalmente. Esa será mi nueva identidad y por ende estaré cediendo mi poder personal a las circunstancias.

Pero, ¿sabés qué?

Ser víctima tiene fecha de vencimiento.

Buda dice:
"El dolor es obligatorio, el sufrimiento optativo".

En mi casa, mi papá, un hombre muy politizado, solía decir:
"Para hacer el cambio de la dirección de la cloaca hay que meter las manos en la mierda".

Y yo te digo:
Cuánto tiempo abrazando el cactus pases dependerá de tu inteligencia emocional.

Ya sabemos que la información emotiva de lo sucedido en mi familia queda encriptada en mis células, que se transmite también a través del óvulo que me ha dado vida. Y que heredé una psicología familiar (psicogenealogía) que nos permite comprender que cada situación tiene un *back-up* que lo sostiene y una emoción asociada.

Entonces... ¿para qué no quedo embarazada?

La respuesta la tiene mi familia. (También la tuya, cuando quieras encontrarle sentido a lo exagerado o repetitivo de lo que te sucede).

Mis bisabuelos inmigraron a la Argentina con su primera hija, mi abuela Agnese o... Inés. Ella tenía un año cuando salieron de

Lecce, al sur de Italia. Se asentaron en la ciudad de Córdoba, donde dejaban a mi abuela al cuidado de su tía para irse a trabajar a un almacén de ramos generales en el interior de la provincia durante seis meses cada año. En esta rutina, que duró por años, la familia creció y en este contexto nacieron mis cuatro tíos. (El varón más pequeño murió al caérsele el techo encima, lo cual fue presenciado por mi abuela y generó que ella y su hijo menor durmieran siempre boca arriba).

Mi abuela se casa con mi abuelo Víctor y frente a los sucesivos inconvenientes económicos decide abrir un almacén en la casa donde vivían con mi mamá y sus tres hermanos. Es decir, mi abuela "repara" la acción de su madre y para no faltarle a sus hijos abren un negocio en su casa.

Mi mamá (Inés de segundo nombre) sentía que su madre estaba pendiente del negocio. Como era la hija mujer mayor, se hizo cargo de todas las labores domésticas.

Ella se casa con su compañero del colegio, mi papá. Mientras él se capacitaba en una academia, mi mamá trabajaba medio tiempo como telefonista.

La vida se expresa provocando experiencias y conciben a mi hermano mayor. Sin estabilidad económica y con un bebé prematuro, dejaron la pensión donde vivían porque no era lugar adecuado para la situación de mi hermano.

Así es como mi hermano mayor se quedaba al cuidado de mi nona Leonor. Un día, mi hermano la llamó por su nombre de pila a mi mamá y ella decidió dejar de trabajar.

Luego nazco yo. Una beba sietemesina con muy pocos anticuerpos; debieron internarme por casi un mes.

Es fundamental comprender el peso de la historia cuando las situaciones se nos presentan tan prepotentes y en un golpe de frente nos activan esas memorias encriptadas en nuestro inconsciente. Sin mediar la mente, la reacción es visceral y defensiva. Se impone y tomamos decisiones radicales.

Mi mamá, en el mismo escenario de su abuela y su madre, estaba poniendo una nueva información en la familia: no trabajar para criar, aun con inestabilidad económica.

Y yo, Leonor Inés, soy nombrada como mis abuelas.

Dentro del marco de la psicogenealogía y el análisis transgeneracional soy doble de ellas y comparto su información.

Desde las Leyes Biológicas, el óvulo que me dio vida a mí estaba ya confeccionado en el útero de mi madre, a su vez que el óvulo que le diera vida a mi madre ya estaba confeccionado en el útero de su madre, mi abuela.

Recordemos que las mujeres nacemos con una reserva ovárica llamada *ovocitos* que maduran en óvulos.

Como tal fui designada para entrar a sus escenarios de vida y poner una nueva información: biológica, transgeneracional y evolutiva.

Como ya vimos:

Soy la actriz nueva de una película vieja.

Mis guionistas: mis ancestros.

Mi cuadro de hiperprolactinemia fue el resultado de encontrarme en la misma situación que las mujeres de mi árbol. Yo trabajaba mucho, pero había inestabilidad económica. No avanzábamos materialmente. Yo era la encargada de un sector mientras que mi pareja era cobrador de tiempo completo. Y aún así, no alcanzaba el dinero.

En aquel momento mi percepción era: "no hay suficiente". (♥B1)

En el deseo de maternidad, mi biología me da la mejor solución posible.

Da alimento porque "lee" que no va a haber para mi bebé. Mi glándula hipófisis hace un aumento de función en su percepción de necesidad endodérmica y como resultado tengo leche en las mamas antes de concebir, la llamada galactorrea.

¡¿Vas viendo la magistral ingeniería?! No me caben dudas de que responden a un Orden Superior.

¿Y por qué logró después mi tan deseado embarazo? (♥B2) Cuando renuncio a toda mi vida y nada podía actualizarme mi vieja identidad ni recordarme mi "enfermedad", comienzo mi vida con el padre de mis hijos, un hombre emprendedor que sobre todo conecta con su trabajo.

Por mi parte, yo comencé a trabajar pocas horas en una oficina de comercio exterior donde ganaba muy bien. Así, con el esfuerzo de ambos, pudimos comprar una casa.

¿Por qué tuve que guardar reposo y tuve una cesárea? Recordemos que una cesárea no programada nos cuenta que si no hay intervención de los médicos alguien puede morir. Como tal, mi biología aún no confiaba plenamente en que entrara en el escenario de postergación de mi ancestro, mi abuela, de la que soy doble por nombre y además obtengo su información a través del óvulo. (♥B3)

Mi maternidad fue tan conscientemente vivida en plena atención en cada tramo que cambié el "programa", poniendo una nueva información, y me asocié completamente al sentir de mi cuerpo para lograr que mi segundo y tercer partos sean partos naturales, aún cuando estaba contraindicado. (♥B4)

¿Por qué la lactancia fue un asunto tan troncal para mí, al punto de darle teta a mis tres hijos por más de dos años e inclusive juntos, a mis dos más pequeños? Porque mi madre no pudo darnos el pecho ni a mi hermano ni a mí. Porque al ser prematuros estuvimos internados al nacer.

En el escenario de la maternidad se activa la memoria para *reparar el sentir* de alimentar a mis hijos, ese que mi mamá no pudo satisfacer.

Esta es la razón por la cual me vuelvo tan pro-lactancia, concurro a reuniones de la Liga de la Leche y, aunque estuviera agotada, me sentía plena en la acción de nutrirlos. Pues para mí era lo que correspondía. (♥B5)

Pese al excesivo cansancio avancé en mis estudios y mi profesión. No estuve contemplando mi deseo de descanso sino saciando mi necesidad. Porque cuando entro en el escenario de la maternidad se activan en mí las memorias de postergación y de codependencia económica de mis mujeres, mis valientes ancestras. (♥B6)

Como habrás visto, tanto en mi caso personal como en el de todos siempre hay varios lados de una historia. Lo fascinante es que podemos hilvanar cada tramo, cada acción, cada conducta, cada síntoma que, por exagerado, nos llame la atención. ¿Viste cómo encajan la serie de números A y la serie de números B?

> En cada exceso se denuncia la carencia del ancestro.
>
> En cada carencia se denuncia el exceso del ancestro.

Pero siempre sin juicios. Con amor y, sobre todo, **honrando a nuestros antecesores**. Nosotros, como soldados desarmados, de rodillas frente a la fuerza de los eventos, confiamos en que no hay peligro posible, sino eternas oportunidades.

Y VOS... ¿COMO QUIÉN TE QUEJÁS?

En una relación sexual, el momento del clímax, nuestro orgasmo, es dicho en nuestra *lengua madre*. Nuestro idioma de origen. En nuestra visceralidad, la expresión es a través de nuestro *idioma regente*.

¿Te imaginás a un mexicano tomado por el éxtasis del placer y diciéndolo en chino mandarín? ¿O a una argentina a punto de tener un orgasmo gritando en checo? Si yo estuviera ahí, me asustaría.

Se me ocurre un personaje de una peli XXX que en vez de enunciar su tan conocido *¡oh, yeah!, ¡oh, yeah!* diga en su lugar: *¡a la flauta!, ¡a la flauta!* No sé vos, pero si la estuviera viendo, en ese momento estallaría en una buena carcajada y me serviría una avena o me haría un té. Definitivamente, el clima cambió y no queda mucho para hacer...

Con esto quiero decirte que hay *reacciones biológicas*, viscerales que no pueden ser pensadas. Son reacciones que están muy en las entrañas y serán expresadas de forma desinhibida. Como si envolviéramos con nuestra piel la emoción, al igual que el titiritero mete la mano en su muñeco y lo pone en movimiento.

> *De ese mismo modo en que nos excitamos,*
> nos enojamos y…
> … ¡nos quejamos!

Nuestro cerebro neuroplástico tiene la potencialidad de formar nuevas conexiones nerviosas en respuesta a la información nueva, tomando cada acción que sucede como referencia. Cuando somos niños, la presencia y las acciones de nuestros adultos nos modelan. Todo lo que veo, escucho, huelo despierta en mí emociones y como un maestro en el aula me enseña de manera incuestionable para la niña o niño que soy:

"Así es…"
"Así se reacciona…"
"Así se hace…"

Es por este aprendizaje que andamos, muchas veces, repitiendo lo que ni recordamos, pero que ha quedado bien guardado en nosotros. Así nos enseñaron y así aprendimos a quejarnos.

Dejá de quejarte

Este fue el título y el espíritu de una de las charlas que brindé en el Centro Cultural Victoria Ocampo, en mi ciudad, Mar del Plata. En este encuentro, propuse compartir frases domésticas de las quejas que todos los participantes animosamente se sumaron a decir (éramos en esa ocasión más de 500 personas, fue divertidísimo). A alarido puro, entre muchos gritos, se dijo:

Y VOS... ¿COMO QUIÉN TE QUEJÁS?

- *Ya vas a ver cuando me muera, ¡me van a extrañar!*
- *El papel higiénico no crece en el palito del baño.*
- *No soy un cajero automático.*
- *¡Recién limpie!*
- *No soy un taxi.*
- *¡Levantá la tapa del inodoro!*
- *¡Si voy yo y lo encuentro, vas a ver lo que te pasa!*
- *¡Ya te lo van a hacer a vos!*
- *Si no fuera por mí, querido...*
- *Ya vas a ver cuando seas madre/padre.*

Si surge una personalidad nueva en la política, la frase es:
- ¡¿Y a este quién lo conoce?!

Mientras que, si es una figura muy conocida de trayectoria política, la frase es:
- ¡Siempre los mismos, así no vamos a cambiar nunca!

Y en tu casa, ¿cuál es la queja que más se decía? O lo que es mejor para pensar: cuando te enojás, ¿cuál es la frase que repetís? ¿Cuál es el tono que usás? ¿Cuál es el gesto que hacés con tu cuerpo, con tus manos...? ¿Cómo es tu mirada? ¿Y la expresión de tu cara?...

> ¿Y por qué te invito a observarlo?
> *Porque, así como te enojás,*
> *es como más te dolió*
> *el enojo de alguien más sobre vos.*
>
> Entonces, decime:
> Y tu enojo, ¿a quién te hace acordar?

Actuamos nuestra sombra

Me acuerdo particularmente de una sesión en la que un hombre vino a mi consulta porque se enojaba con facilidad, y esta situación le traía inconvenientes en sus relaciones.

Cualquier cosa que lo frustrara o no le saliera como él esperaba, o si alguien no cumplía con sus expectativas, él se enojaba y gritaba, golpeaba la mesa, el tablero del auto, la puerta, pateaba las sillas… Luego, cuando la situación se distiende hace un ruido con la boca, un ruido de queja, como un bufido (ese resoplido furioso que hacen algunos animales, ¿viste?).

Le pregunté quién hacía ese ruido con la boca y a quién le hace acordar esa reacción.

—A mi papá —dijo de inmediato—. Me enojo como él. Me paso todo el tiempo no queriéndome parecer a él, pero reacciono igual, y después siento vergüenza porque sé lo que sienten los que me están viendo. Es un círculo del que me cuesta salir. Después de mi reacción hago como si nada hubiera pasado. Compro comida rica, propongo una salida divertida, ver una peli…

—¿Y si te preguntan sobre lo sucedido?

—Respondo que no es para tanto, que ya pasó, que es una reacción, nada más.. Que soy un boludo, les digo. Llegué a negar que hubiera sucedido…

Las reacciones de este consultante no nos son ajenas. Muchas veces **actuamos a nuestra sombra.**

¿Qué es *la sombra*? Lo que no queremos ver. Lo que ocultamos. Pero su voz nos habla dentro de nuestra cabeza y sentimos que se agazapa en un lugar remoto de nuestro cuerpo para ocupar la totalidad cuando perdemos el control. Esta sombra y su emoción nos toma y la actuamos. Y así traemos de vuelta a papá, a mamá, al hermano mayor, al abuelo, abuela… al que nos debió cuidar y en un instante su descuido en la reacción nos hizo sentir con miedo, vulnerables y solos.

Es como si el provocador del miedo y el miedo estuvieran en mí.

Y yo me pase la vida evitando sentir la *emoción*, pero cuando algo sale mal, el *provocador* se hace presente y me posee como si fuera mi titiritero. Y así, una y otra vez, entro a este acto, como un gif de WhatsApp, recordándome que hay una memoria emotiva sin atender, de mucho tiempo atrás.

¿Y para qué? Tal vez para convertirme en el adulto que necesité que me cuidara en aquellas primeras experiencias y, ahora, me toca ser ambos, el *provocador* y la *emoción*, para abrazarlos y hacer las paces con ellos, dándome la tan necesaria calma que me faltó. Como si la situación y la emoción me obligaran a llevar "el recurso" que alguna vez faltó, el consuelo, el cuidado, el silencio… Dejándome en paz en mis excesos de ansiedad y control como un mecanismo evasivo.

Mientras más niego a mi sombra, mi miedo, mi provocador, más fuerza toma y crece a mis espaldas. En algún momento tengo que darle la cara, mirarlo de frente, atenderlo para que vuelva a su tamaño natural y me encuentre con que, en realidad, simplemente estoy evitando volver a sentirme vulnerable.

La sombra *me opera* como el punto ciego del auto: está ahí para mí, me acompaña, me sigue, se cuela.

Pero ahora esto que vemos como una reacción desbordada que le sucede a otros, lo vamos a poner en primera persona y lo vamos a leer para nosotros, como si escucháramos sus voces que gritan en nuestra cabeza:

- "Soy una persona que sufro y llevo el control de lo que sucede para evitar que me duela si algo sale mal. Es mi culpa. Siempre es mi culpa. No quiero sentir esta angustia. Entonces, mi ansiedad me supera y hace que me adelante a las posibles cosas que pudieran salir mal. Vivo en el futuro, no puedo manejarlo. Me cuesta sentirme tranquilo, conectado al momento presente. Siento miedo. No puedo fallar y que te suceda algo malo por mi incapacidad. No soporto cómo se siente esta emoción. No hay nada que me calme cuando me siento así".

Ahora, decime la verdad… vos y yo… ¿no somos un poquito así?

Todos tenemos este comportamiento como resultado de una emoción que puede guionarnos. Según la magnitud de nuestras heridas y nuestras habilidades para gestionar lo sucedido será nuestra intensidad en la queja.

Todos somos "el otro", el otro siempre me actúa en su gesto, tal vez exageradamente, lo que me sucede.

Situarme en la emoción que ambos sentimos me permite familiarizarme, integrarlo para desintegrarlo y empatizar.

Ahora entiendo: en su reacción se ve su dolor. Está sufriendo.

¿Esto significa que debo quedarme ahí aunque me asuste?

¡NO! ¡De ninguna manera!

Significa solamente que una vez que entiendo su reacción comprendo que es un "acting" de su historia personal.

No es en contra mío, pero puedo elegir no seguir siendo su espectador o espectadora, o puedo quedarme en esta relación consciente de que, desde ahora, no voy a enjuiciar. Lo cual es de gran desarrollo personal y autogestión. Además, debo saber que muchas veces necesitaré ayuda de profesionales que me acompañen en el proceso, porque los que acompañamos necesitamos que nos apuntalen, también.

Ahora, bien: si siempre atraigo este tipo de personas, con este tipo de reacciones, tal vez tenga que ver conmigo, ¿no?

Durante años pude haberme quedado en un relato de lo sucedido donde siempre me cuento la misma historia para luego decir: "lo que el otro me hizo", "lo que el otro me dijo" o cómo reaccionó en contra mío.

Pero... *¿y si tuviera un propósito el otro para ser así?*

Reformulo la pregunta: *¿y si hubiera un propósito en atraer estas personalidades a mi vida?*

¡Atención con este tema!

En estos muchos años de consultorio escuché innumerables veces a aquellos que malinterpretaron la llamada "ley de atracción" o que se asumieron responsables de un karma que les tocaba, como el castigo de atender lo que en vidas pasadas hicieron mal, o que por una desafortunada lectura de la psicogenealogía me dicen que esto les toca resolver en esta generación. Por ejemplo, si mi abuela abandonó al "loquito" de mi familia, pienso que yo debo cancelar su deuda, y me inmolo en una relación de dolor. Lo hago porque creo que me lo merezco o que así soy más buena y entrego mi voluntad a mis ancestros para no torcer mi destino… Todo esto es una aberración, ¡que quede claro!

Nuevamente, te pido que estemos atentos:

 El autoconocimiento y la toma de consciencia siempre es de auto-cuidado.

Una sesión de psicogenealogía y transgeneracional es un encuentro terapéutico, un nuevo paradigma, una toma de conciencia. Es darme cuenta el *para-qué* de esta experiencia, entender lo vivido y **¡salir de ahí!** ¿Cómo? Poniendo una nueva información, dándome cuidados a mi persona y a los que estén bajo mi responsabilidad. De ninguna manera se trata de aguantar esperando a que el otro cambie.

Yo lo vivo, yo me doy cuenta, yo asumo cambiar con la colaboración de otros que *sepan ayudar*, porque son profesionales o especialistas en el tema, o están bien informados al respecto.

Creeme que aunque suene obvio, muchas veces incurrimos en errores comunes. Una vez, una mujer en consulta me dijo: "Como mi vecina y yo pasamos lo mismo hice lo que ella hizo: un ritual para cortar lazos con el pasado de violencia familiar". Hizo un único ejercicio con expectativa de milagro, pensando que eso podría liberarla, pero resulta que no pidió ayuda, ni cambió su situación. Aguantó hasta que una internación, sumada de una deuda económica feroz, la hizo actuar en la única dirección que quedaba: informarse.

Muchas veces el mejor ejercicio psicomágico para el cambio es pasar a la acción consultando con un abogado, terapeuta, psicólogo, contador, etcétera. Inclusive saber de la existencia de una línea de atención a las víctimas de violencia y tenerlo presente ya **es en sí un acto de sanación a mi pasado familiar.**[9]

En honor a mis ancestros *voy a hacer lo que no se hizo*, porque no existía o no era accesible en ese momento. Buscando un encuentro con la información saqué a todos mis antecesores y yo con ellos de la impotencia, la quietud, del "no se puede", de la ignorancia... y actualicé en mi gesto al abuelo trayéndolo de "su no saber" en el 1950 al "esto es posible" de la actualidad.

En este punto, "bancame" y repasemos juntos algunos de los patrones o conductas del maltrato en el mundo de las relaciones que se consideran violencia:

- Que me peguen
- Que me empujen
- Que me tironeen
- Que me impongan superioridad física
- Que me revoleen cosas en vez de alcanzármelas
- Que me griten e insulten.

---

[9] En la Argentina, la línea telefónica 144 ofrece atención, contención y asesoramiento en situaciones de violencia de género. No es una línea de emergencia, es para comunicarte con un equipo interdisciplinario especializado que te acompañará en la situación que estés pasando. Funciona las 24 horas, todos los días del año.

- Que me ignoren (que no me responda cuando le hablo)
- Que me apoden con términos peyorativos como "tontita, "tontito", "enfermito mental", "feita", "feito"…

Muchas veces las situaciones pueden resultar confusas o poco claras. Incluso podemos creer que no fue para tanto, y en la intimidad de la consulta quien relata lo sucedido a veces duda de que haya sido "tan así", como si no fuera suficientemente válido lo que sintió.

Entonces debemos madurar y no dudar cuando TODOS los presentes, teniendo LAS MISMAS capacidades de ver, escuchar y sentir cuentan lo mismo de una misma situación.

Golpes, gritos, insultos… nadie duda de que eso sea maltrato.

Pero también hay otras formas de maltrato, por ejemplo, **el maltrato económico:**

- Que no me dejen trabajar
- Que deba rendir cuentas de cada cosa en la que "gasto"
- Que se hagan gastos desmedidos sin consultarme, como comprar un auto
- Que no sepa cuánto gana mi pareja, ni dónde está el dinero
- Que me hagan firmar cosas que no entiendo
- Que ponga como garantía de un tercero las propiedades de la pareja sin mi consentimiento

Recordá que el dinero no es exclusivo de quien lo genera sino un bien de la pareja para la gestión doméstica y familiar.

Y hay también otras formas de maltrato:

- Que hable de mí en una reunión de amigos o familia y cuente lo que no he autorizado
- Que comparta fotos mías que no autoricé. (Por ejemplo, fotos en las que estoy durmiendo o me muestro en poses que me avergüenzan, o de la intimidad sexual)

Por otro lado, tenemos que considerar que yo puedo percibirme violentada o maltratada, y que mi entorno no lo vea ni lo perciba igual.

¿Por qué?

Porque siempre se trata de *lo que yo tenga informado* como bueno o malo.

Te doy un ejemplo de mi consultorio:

Una mujer me decía que su novio la llamaba "puta" en la intimidad y eso ella lo vivía mal. "Porque las buenas mujeres no somos así", me dijo.

Era parte de una familia donde las amantes son esas "putas" que "se dejan hacer esas cosas", permisos que no correspondían a las mujeres de ese grupo.

Entonces, cuando ella le pregunta a su novio por qué la trató así, él le respondió desde su percepción:

—A ustedes, las mujeres, les gusta así.

Mi consultante se enmudeció porque sintió que ahora ella además era "una de esas mujeres". Esta fue la percepción de ella. (Me pregunto cómo habrían sido las cosas si al menos ella le hubiera dicho: "cuando me decís puta me siento…" cambiando las percepciones de ambos. Pero se quedó callada por el impacto).

Mientras que en otras familias ser llamada "puta" es muy bien percibido, es un recurso que suma a la excitación, porque dan por entendido que las putas son las que saben dar buen sexo, entonces asumo que yo soy buena dando sexo.

En linajes femeninos donde se ha transmitido por generaciones "señora en la calle, puta en la cama", dar buen sexo es tomado como un valor.

Una vez más, vemos que la percepción está en relación a lo que tengo informado.

Por ello es fundamental saber que la percepción de *cómo siento* lo que me sucede, me dicen, o me hacen es fundamental para el autoconocimiento y para poder informárselo al otro, para poder poner un límite necesario para mi autocuidado.

Es importante atender la emoción, por ello también es probable que pueda sentirme maltratado o maltratada, pero que el otro no sepa que es parte de esto, o que me estoy sintiendo mal.

Porque...

> **¡NO VENIMOS CON SUBTÍTULOS!**
> **Debemos hablar.**

¿Mirá si sos una persona violenta y no lo sabés?

En mis años de experiencia profesional me encontré con muchas historias de personas que lograron salir de relaciones violentas, de maltrato psicológico y físico (aunque creo que un maltrato siempre duele en el cuerpo, no importa de qué índole sea), y que luego se encontraron en una nueva relación ejerciendo estas violencias sobre el otro.

Y VOS... ¿CÓMO QUIÉN TE QUEJÁS?

En el consultorio, una mujer me dijo:

—Salí de un matrimonio violento, donde yo no podía hacer nada, ni tomar ninguna decisión. Y ahora salgo con un hombre que es una "ameba". No reacciona frente a nada. No decide sobre nada. Y yo le grito para ver si se despabila. Me saca, al punto de amenazarlo con dejarlo.

Pienso habitualmente en la consola de sonido que usan en las radios los operadores. Cuando le bajan el volumen al canal de la música, se deja escuchar el ruido de fondo, ese que siempre estuvo ahí, pero no lo sabíamos porque el otro sonido es más fuerte y se impone.

Algunas veces soy sumisa no porque necesariamente lo sea, sino porque corro peligro si no lo soy. Entonces me adapto, me quedo quieta. Pero el sonido está operando en mi interior y el otro ejecuta el ruido para recordarme que lo oculté, incluso ante mi propia realidad. Necesito del otro para conocerme. Verlo, sentirlo y atenderlo para pasar a la acción y comenzar un nuevo equilibrio, poniendo una nueva información a lo sucedido por generaciones. Hoy me toca a mí.

Puedo pedir ayuda a los profesionales, a especialistas y a mi familia, de modo de tejer mi red, trayendo un recurso nuevo, una nueva habilidad. Una solución en beneficio propio y de mis futuras generaciones, mis hijos y mis nietos.

Imaginate una moneda. Ya viví la experiencia de un lado (cara) ahora vivo la experiencia del aparente otro lado (seca), pero siempre se trata de la misma moneda.

Venimos a experimentar todas las caras, lados y aristas de todas las experiencias para sentir todas las emociones y al comprender que ya conozco el *exceso* y su contrapartida, la *carencia*.

> Y me vas a decir:
> ***¡Pero eso es re difícil!***
>
> ～～～
>
> Y yo te voy a responder:
> ***Lo único que hiciste desde que naciste es vivir.***

Se trata de seguir ejerciendo vida pero en pequeñísimos tramos, dándome cuenta de qué es realmente lo que estoy haciendo en cada cosa que elijo y, de a poco, ir poniendo una nueva información.

El tema es que somos *suicidas experimentales.*

Nacimos humanos para vivir experiencias humanas en todos sus tonos.

Nos pasamos la vida amputando las emociones que no nos gustan sentir.

Pero solo a partir de ellas podemos conocernos.

¿Y quiénes son nuestros socios colaboradores que me presentarán los escenarios de aprendizaje? Mi madre. Mi padre. Mi suegra. Mi suegro. Mi hijo. Mi ex 1. Mi ex 2. Mi jefe….

Todos son actores de mi Obra Personal y contratados por mí.

Ellos me muestran que también soy controladora, manipuladora, autoritaria, mentirosa, víctima…

Las emociones están para ser sentidas y atendidas por DERECHO PROPIO.

Podés ser un "abandónico" desatendiéndote o un EXPERIMENTADOR RESPONSABLE.

Vos elegís. Porque siempre estamos eligiendo.

Te propongo que elijamos poner nueva información. ¿Sabés cómo hacer nuestro propio ejercicio psicomágico o poner una nueva información?

Te voy a contar dos casos.

El primero es el de quien ejerce violencia, y el segundo caso, el de quien atrae violentos.

➡ CASO 1: "ME VIOLENTO"

Una mujer profesional viene a mi consulta. Es contadora, tiene dieciocho años de casada y dos hijos de ese matrimonio. El varón cursa en la secundaria, es un adolescente de 15. La nena tiene 8 y va a la escuela primaria.

Le pregunto el motivo de la consulta.

—Soy pésima madre.

—¿Te gusta ser mamá?

—Sí. Muchísimo.

—¿Qué hacés específicamente de "pésima madre"?

—Les grito como una loca. Tiro cosas por los aires cuando me enojan. Los zamarreos y les tiro de los pelos.

—¿Siempre te enojás así? ¿Todo el día? ¿Todos los días?

—No —me responde.

—¿Qué hacen ellos que te enoja?

—La tarea escolar me enoja.

—¿Quién hace esa tarea, ellos o vos?

—Ellos, pero necesitan ayuda todo el tiempo, o estoy pendiente de que tengan todo al día. Mi hijo se lleva siempre materias y entonces tengo que hacerme cargo de su docente particular. No me entrega el cuaderno de comunicaciones y me oculta los resultados de los exámenes. Si no fuera por mí habría repetido todos los años.

—¿Cuál es el problema si repite el año?

—Que se atrase en sus estudios.

—¿Y cuál es el problema de que se atrase? ¿Por qué sería importante llegar a tiempo a la facultad o a ser adulto?

—¡No quiero que sea un inútil!

—Un inútil, ¿como quién?

—¡Como yo! —exclama y se emociona.

—¿Por qué te considerás una inútil? Sos profesional, ejercés como contadora. Estás en un matrimonio y crías. Esos no son parámetros de "ser inútil".

—No sé. Mi marido dice que soy muy exigente. Y que no tengo paz con los nenes.

Le propongo hacer una línea de tiempo. Un ejercicio de ensoñación.

Le pido que relaje su cuerpo con cada respiración.

Que se asocie completamente al momento actual y le digo:

—Desde este estado de bienestar y seguridad en el que te encontrás, vas a ir al último momento en el que te enojaste con tus hijos o con uno de ellos. ¿En dónde estás?

—En el auto.

—¿Con quién estás?

—Con mi hijo. Volvemos de fútbol.
—¿Por qué estás enojada? ¿Qué está sucediendo?
—No me dijo que mañana tiene un examen de matemáticas. Es un recuperatorio de una guía que hizo mal.
—¿Es un recuperatorio solo para él?
—No, son varios a los que les fue mal.
—¿En qué parte de tu cuerpo sentís la emoción?
—En el pecho.
—¿Cómo se llama esta emoción?
—Miedo.
—¿Y esta emoción es nueva o ya la conocés?
—Ya la conozco.
—Vamos a un momento anterior —le propongo ahora.
—Es el primer grado de mi hijo. En la puerta del colegio. Está por ingresar a clase.
—¿Por qué sentís miedo?
—Porque mi hijo se olvidó de poner el cuaderno en la mochila y mi marido le gritó a él y me culpabilizó a mí.
—¿Qué te dijo?
—Sos una inútil —responde y solloza.
—¿Y este miedo es nuevo o ya lo conocés?
—Lo conozco.
—Te voy a pedir que respires profundamente. Pausadamente. Voy a pedirle a tu mente no consciente, que todo lo ve, que todo lo sabe y que entiende, el *para-qué* de sentir este miedo. Le voy a pedir que nos permita ir a la primera escena en la que te sentiste una inútil. ¿En dónde estás?

—En mi casa.

—¿En qué parte?

—Es muy pequeña. Así que estoy en la cocina, que también es comedor.

—¿Qué edad tenés?

—Ocho años.

—¿Cómo te ves?

—Soy muy flaquita, uso trenzas largas y una vincha blanca del cole que se me cae.

—¿Estás sola?

—Están papá y mamá.

—¿Qué pasa con ellos?

—Papá se está yendo y me dice que haga la tarea sola. Que la deje a mamá en paz. Que no sea hinchapelotas.

—¿Y mamá?

—La veo acostada en la cama con una revista.

—¿Por qué sentís miedo? —le pregunto. Ella está llorando fuertemente ahora.

—Porque voy al lado de mamá y le digo que no entiendo la tarea. Que por favor me ayude. ¡Y cuando me doy vuelta papá está parado en el marco de la puerta y yo salgo corriendo… Quiero cerrar la puerta y él la empuja sobre mi cara. Yo me caigo, me agarra de la ropa y me levanta gritándome: ¡Sos una inútil! ¿Qué te dije?, ¿qué te dije?

—¿Y tu mamá qué hace?

—Sigue en la misma posición, con su revista de espaldas.

—Vas a respirar profundo y relajado. Pausadamente. Eso es...—le doy tiempo para reponerse y le pregunto—: ¿Qué necesita esta nena?

—Un abrazo. Que no me griten.

—Mirá a tu mamá. ¿Qué necesitás de ella?

—Que frene a papá.

—Ahora podés comprender que tu sobreexigencia con tus hijos es para evitar que papá les pegue, que tu marido te recuerda a tu padre y vos estás cuidando de tus hijos para que no les peguen por ser "inútiles".

—Sí—susurra.

—Ya es tiempo de dejarte en paz... Y llevar calma a lo sucedido. Vamos a entrar a la escena —le propongo—. La mujer actual, la que sos hoy va a entrar en la casa. Buscate. Eso es. Cuando te hayas encontrado, arrodillate frente a la nena de 8 años. Y abrazala, fuerte y apretado. Dejate sentir que ella se afloja y susurrale lo siguiente: "Yo soy la mujer de tu futuro. Vengo a contarte que soy contadora. Mamá de dos hijos y tenemos un esposo. Manejo un auto y estoy bien". Te doy unos instantes para que le digas solo y únicamente cosas lindas de su vida futura.

He logrado que su rostro sonría.

—Luego, mentalmente, acercate a mamá y decile: "Yo soy la mujer que trae una información nueva a esta familia. En el futuro soy una madre que cuida y custodia a sus hijos. Y lo hago bien".

Ella inclina la cabeza hacia abajo, en gesto de reverencia.

—Por último, vas a ponerte de pie frente a papá —ella alza la frente, de manera altanera, erguida— y vas a decirle lo siguiente: "Yo soy tu hija. Vos sos mi padre. Yo te respeto. Sé que los padres deseamos lo mejor para nuestros hijos aunque podemos equivocarnos. No pudiste hacerlo de otra manera".

Ahora su gesto se relaja. Su frente y sus mejillas se suavizan.

—Lenta y pausadamente vas a volver a este acá y ahora. En calma. En bienestar, despejada y de humor. Porque ya lo has comprendido. De ahora en más la tarea escolar de tus hijos será un punto de encuentro con la niña que fuiste. ¡Disfrutalo!

**Cuando usted trata con personas INESTABLES,
usted trata con Material Inflamable.
Por su seguridad, tome recaudos.**

*Sí, tenés todo el derecho a enojarte y también la
obligación de modular tu reacción.*

*Si estás acompañado, es válido
abandonar la escena.*

Que estar a tu lado sea seguro.

⇨ CASO 2: "ATRAIGO VIOLENTOS"

Mariana tiene 36 años y lleva un tiempo trabajando en un kiosco. Vive con su novio desde hace cuatro años. Cuando le pregunto por el motivo de la consulta me dice:

—No me banco a mi suegro. A veces pienso en dejar a mi pareja con tal de no verlo más a él.

—¿Qué es lo que hace?

—Parece que no puede ver a nadie bien. Critica todo lo que hacemos. Te hace preguntas para discutirte la respuesta. Habla de Jesús y la iglesia pero dice que hay que matar a los homosexuales. Para mí, está loco.

—Dame un ejemplo doméstico de la crítica que ejerce, por favor.

—Invitamos a mis suegros a cenar. Hago una rica cena. Los agasajamos poniendo la mesa linda. Hasta mantel puse. Y él me dice: "¿en esta casa no hay escarbadientes?". "Esto está muy picante". "La última vez que cocinaste se me irritaron los intestinos". Y así todo el tiempo.

—Tu pareja, ¿qué opina?

—Me dice que siempre fue así, pero a mí me pone muy mal. Cuando sé que lo voy a ver, ya me pongo nerviosa un día antes.

—¿Hablaste de esta sensación con tu pareja?

—Sí, y me responde que "no me haga la cabeza". Pero yo no puedo. Realmente la paso mal.

—Entiendo. Tu novio... ¿cómo es? Me refiero a sus modos y a cómo te trata.

—Es re bueno conmigo. Me escucha. Está atento a mí.

—Muy bien —le digo y le pido—: contame el motivo de tu última separación.

—Mi novio anterior me trataba con desprecio.

—¿Podés contarme algo de su trato?

Es fundamental para mí no dar nada por sentado, porque el término "desprecio" puede no significar lo mismo para ella que para mí.

—Y… por ejemplo, íbamos a un bar y me decía: "dale, sentate, tarada, ¡ahí!. ¿No ves que está la silla libre?".

—Entiendo. Y vos, ¿cómo te sentías?

—Mal. Me angustiaba y me daba vergüenza. Yo le decía, pero me respondía que eran cosas mías. Que no era para tanto, pero lo hacía constantemente. Mis amigas no se lo bancaban. Después de dos años de esto, me separé.

—Entonces, tardás en darte cuenta.

—Y… sí, —reconoce y se ríe—. En realidad, me parece que siempre hay personas que quieren que la pasemos mal.

—¿A qué te referís? —le pregunto.

—Me parece que hay personas que buscan ponerte mal cuando estás bien. Como si no pudieran estar tranquilos hasta que no generan una discusión o te ponen de mal humor.

—¿Qué número de hija sos?

—La segunda. Tengo un hermano mayor.

—¿Cómo te llevás con él?

—Re bien. De chicos no me hablaba mucho, pero ahora somos compañeros.

—Y tu papá, ¿cómo te trataba?

—Mi viejo decía que en casa el único que tenía derecho a estar enojado era él. Cuando llegaba hasta mi mamá se sobresaltaba. "¡Llegó tu padre y no preparé la comida!". Y salía corriendo a la cocina. "¡Levantá la mesa y barré ya!", me ordenaba. Era como si papá cambiara el ambiente familiar. Éramos una familia cuando no estaba y otra cuando estaba.

—¿Cuál familia te gustaba más?

—Y… cuando estábamos solos los tres con mamá. Estábamos tranquilos, no había sobresaltos.

—¿Papá te sobresaltaba?

—Sí, siempre. Cuando estaba con él, yo esperaba que me retara. Siempre había una razón para marcarme que estaba en infracción.

—¿Cómo te marcaba esa infracción?

—Me pegaba un grito y golpeaba la mesa. Una vez se paró tan de golpe que tiró la silla para atrás y la rompió. Creeme, mi papá daba miedo enojado.

—Mariana, ¡qué bien lo hiciste! —le digo.

—No entiendo —me responde—. ¿Qué hice bien?

—Veamos —le digo y paso a enumerar—: te emancipaste de un papá abusivo y autoritario. Luego te separaste de un abusivo autoritario, al que también dejaste, tu pareja anterior. Y actualmente recibís la visita eventual de tu suegro que te actúa el mismo personaje que te duele de tus relaciones pasadas. Pero ya no convivís ni elegís tener sexo con un autoritario. ¿Podés ver qué bien lo hiciste? En algún punto supiste lo que ya no querías para vos y te emparentaste con lo que sí querías: tu figura materna y tu hermano, que son quienes te agradan de tu vida familiar y eso mismo encontraste en tu actual pareja.

—¡Ah! —se sorprende—. ¡Es tal cual! —se ríe—. Por eso siempre encuentro personas como mi viejo y busco a personas como mi vieja, que me dan tranquilidad… Pero, ¿qué debo hacer cuando me vea con mi suegro?

—Primero, debo preguntarte si vos querés separarte de tu pareja actual.

—No, la verdad, lo quiero muchísimo. No quiero separarme.

—Muy bien. Si dejaras esta pareja sin identificar lo que ya vimos, debería advertirte que la figura de tu suegro se vería eventualmente reflejada en otras futuras relaciones. Pues, como pudimos ver, es lo que atraés como escenario de aprendizaje. Así que…

—¡Hay que resolver a papá! —me responde.

—Te propongo un ejercicio. Cada vez que te veas con tu suegro, es fundamental que sepas que quien entra a escena es el actor que personifica a tu papá. Por un rato pensá que este no es tu suegro, es tu papá. Y entonces, íntimamente, te vas a decir:

"A ver, papá, ¿con qué me vas a salir hoy?"

"A ver, papá, ¿qué me vas a pedir?"

"A ver, papá, ¿qué me vas a decir?"

Porque…

…la intromisión autoritaria se gestiona con humor.

—Para ello, vas a comprarte una cintita de un color muy feo. Y te la vas a poner como pulsera. Debe ser lo suficientemente fea para vos, tan fea que solo quieras sacártela de tu muñeca. De esta manera te vas a recordar este pacto personal. ¡¿Lo ves, Mariana?!

—Entonces, viene mi suegro, miro mi pulsera y me digo: "a ver, papá, ¿con qué me vas a salir hoy? —ella se ríe—. ¡Es divertido! Leonor, gracias por decirme que ahora elijo bien.

—Sí, Mariana. Lo hiciste bien.

Nota para vos y para mí:

Decime la verdad…

¿No sentiste que la primera historia, la de la madre que se violenta, y esta última, de la mujer que atrae violentos, tiene que ver con todos nosotros?

Es acá donde quiero detenerme en el punto de hilo conductor: todos somos violentos, hemos ejercido la violencia o nos han violentado con diferentes intensidades, tal como una hornalla de la cocina que puede estar en mínimo o al máximo, pero siempre encendida. Del mismo modo, todos podemos estar más o menos "calientes", pero la disponibilidad para reaccionar nos pertenece a todos y todas.

Las reacciones violentas son biológicamente naturales y necesarias para poder defendernos, atacar o huir. Es decir, todos respondemos a diferentes intensidades de "calentura". Hay quienes tienen "la mecha más corta" y la violencia es su reacción protagonista, y hay otros que tardan en responder de esa manera.

Quiero decirte que podemos entender de qué se trata y cómo se siente.

¿Para qué? Para madurar en esta manada humana a la que pertenecemos, donde cada uno tiene su propio lugar, su propia identidad y su propio rol. Todos somos importantes y nadie puede ser descartado.

Me dirás, ¿pero entonces hay que permitir la violencia?

Y te diré que no, claramente no.

Pero para corregir, modificar y educar la emoción violenta podemos hacerlo <u>desde el amor que me sabe capaz de ser como el otro</u>. Sabiendo que la violencia no la quiero ni la elijo, pero sí la entiendo.

Te propongo y me propongo un acuerdo:

Trabajemos en estar conscientes del sentir del cuerpo; conectada, conectado a mi emoción para entender el mensaje antes de que se convierta en reacción visceral.

Entonces, te propongo un…

Ejercicio

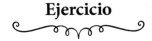

Vos…

¿dónde sentís la bronca que se vuelve ira?

Respiremos profundo, pausado. Juntos.

Pensalo, entrá a tu última escena de discusión o de confrontación…

Asociate a la escena, el momento, el pensamiento… Y contame: ¿en qué parte de tu cuerpo se encendió la hornalla?

Sentí ahí.

(Yo, esta emoción, la siento en la boca del estómago).

Poné tu mano ahí y acordemos juntos:

Cada vez que esta parte de mi cuerpo se encienda es un mensaje que me informa que debo irme de acá y ponerme en un lugar seguro para que los otros también lo estén.

La intensidad de mi reacción mucho tiene que ver con el tiempo que permanezca en el mismo lugar.

También podés decirme: "pero, Leonor, ¡no me sale!". En ese caso, te propongo otro acuerdo:

La manera de gestionar el pensamiento rumiante que se vuelve agotador es con humor.

¡Sí! El humor es un recurso preciso para boicotear al pensamiento más repetitivo.

Por ello, cuando te encontrés con alguien que no te bancás, te parece insoportable, antes de reaccionar, gestioná con humor.

¿Cómo? Tal como hizo Mariana.

Situate en la escena de una persona que su sola presencia te saca, te molesta, te incomoda, te estresa.

¿A quién te hace acordar...?

¿A tu mamá, por ejemplo?

Bueno, frente a su presencia (que puede ser tu compañero de trabajo, por ejemplo), cuando veas que se va a dirigir a vos, te vas a decir mentalmente:

"A ver, mamita, ¿qué me vas a pedir ahora?"

Vas a ver que cuando pienses al otro como al que te hace acordar, te vas a reír íntimamente.

El otro, esa sombra oculta es ahora mi socio colaborador para gestionar el cambio y poner al fin la nueva información en nuestra historia, logrando gerenciar las emociones.

A ver, a ver… Si en este punto vos, que me estás leyendo, me hacés una pregunta porque hay algo que no te quedó claro, quiero que sepas que respiro hondo, te sonrío sutilmente mientras, mentalmente, me estoy diciendo:

"A ver, mamita, qué no entendiste?"

Capítulo 7

EL PROPÓSITO DE SER CONCEBIDO, TU VOCACIÓN

Estamos en el consultorio con Cristian. Es un hombre de 45 años, de aspecto deportivo, con su cabello oscuro y entrecano. Su profesión: médico obstetra, con 20 años de trabajo. Soltero. Vive solo.

Como ya sabrás que es mi costumbre, le pregunto el motivo de la consulta.

—Me dicen que soy muy intenso en lo que hago y que estoy casado con mi trabajo...

—Cristian, disculpame, por favor. No entiendo. Para vos, ¿cuál sería el motivo de consulta?

—Ninguna mujer me dura en una relación.

—Eso lo comprendo. ¿Y vos querrías lograr una pareja estable?

—¡Sí! —exclama y se ríe—. Te la compliqué, ¿no?

—Solo quería saber bien el punto de nuestra partida. Ya lo comprendo —suele suceder que el motivo de consulta es uno radicalmente opuesto al que me cuenta mi consultante. En algunos casos, vuelvo a preguntar hasta tenerlo en claro. Agrego—: ¿Qué sucedió con tu última pareja?

—Bueno, es que el tema justamente es ese: nunca logré tener una pareja, siempre tuve relaciones pasajeras, de pocos meses —dice con voz titubeante, como en un esfuerzo, o estrenando la frase al decirla por primera vez en voz alta.

—Ya veo… Aún así, por favor, mencioname qué sucedió en tu última relación. ¿Por qué se dejaron de ver?

—Ella me dijo que no estaba disponible, que estoy dedicado a mi trabajo. Que para dormir con el celular encendido toda la noche, mejor dormía sola.

—Momento, momento. ¿Qué pasa con tu celular?

—Soy obstetra y mi número lo tienen todas mis pacientes.

—Sos obstetra y le das tu número a tus pacientes... comprendo. Tenés dos celulares o dos números, me imagino.

—No, solo uno. El mismo para mi familia, amigos y pacientes.

—Cristian: soy mamá de tres hijos. Atiendo médicos. Tengo amigos médicos y vivo con uno. Estoy al tanto de que el número personal se da solo en casos especiales.

—Yo lo doy en la primera consulta.

—¿Tenés colegas que hagan lo mismo?

—No, creo que no. De hecho, cuando salgo con amigos colegas no sacan sus celulares, por ejemplo en una cena, o en el club. A mí me deja tranquilo llevarlo conmigo a todas partes. Para mí es fundamental cuando me eligen como médico estar al tanto de mi paciente y el embarazo.

—Permitime decirte que atiendo desde hace años profesionales, con talento y vocación y que hay una lógica con un propósito sensato para tanto compromiso en tu labor —le digo y cambio el tono después de hacer una breve pausa—. Contame de tu familia de origen, ¿qué número de hijo sos?

Su gesto fue de desconcierto al escuchar lo directo de mi pregunta, pero luego de unos instantes, sonriente, me responde:

—El único. Mis padres me tuvieron de grandes.

—¿A qué se dedicaba tu papá?

—Era comerciante.

—¿Y tu mamá?

—Hacía sociales —ironiza y se ríe—, era la esposa de mi padre y mi madre.

—¿Qué edad tenían ellos cuando te concibieron?

—Eran mayores. Mamá tenía 35 y papá unos 48.

—¿Sabés si hubo pérdidas de embarazos?

—Bueno, yo te dije que soy hijo único, pero en realidad hubo una hermanita que nació y murió —su voz se moduló y su mirada se posó en un punto fijo en el suelo—. Y luego mamá perdió cinco embarazos hasta que nací yo.

—¿Tu papá quería ser padre?

—¿Sabés que no lo sé? Era muy reservado. Serio. Estaba conmigo de manera distante. Hoy veo gestos de cariño en los padres que yo no recibí del mío. Aún así, era un buen papá.

—Y tu mamá, con vos, ¿cómo era?

—Re pesada —se ríe—. Estaba encima todo el día, todo el tiempo. Me llamaba "mi milagro".

—¿Cómo te sentías cuando te llamaba así?

—De chico, nada. Cuando crecí era una carga, me hacía sentir como "divino" y yo quería mandarme cagadas, hacer la mía con mis amigos. Pero esas cosas la podían hacer ellos. "Vos sos superior", me decía.

—Cristian, tu mamá debe haber sentido que jamás iba a lograr la maternidad... Para llamarte de esa manera, me refiero. Tus padres, ¿cómo se llevaban entre sí?

—Bueno —duda primero—. Eran fríos, distantes. Papá quería evitar discutir con mamá, porque ella le reprochaba muchas cosas. Él se quedaba callado y se iba.

—Pero, entonces, ¿discutían en tu presencia?

—Sí, siempre. Mi mamá le respondía mal.

—Cristian, en cada sistema, en cada grupo, inclusive en las manadas, hay un orden. En líneas generales, los adultos cuidan a los hijos y los mantienen en su rol de niños, haciendo cosas de niños y habilitándolos a conductas de chicos. En tu caso, el distanciamiento de tu padre y los enojos de tu madre te habilitaron a desplazarte de tu lugar y ponerte a la "par de tu mamá", a espaldas de tu padre, para no abandonar a tu madre. Fuiste y sos leal a ella —le señalo. Luego, le pregunto—: ¿Qué le reprochaba tu mamá a tu papá?

—Cuando se enojaba fuerte le decía que por culpa de él ella no sabe si enterraron a mi hermanita o a otra bebé.

Su respuesta me resulta inesperada. Le pido que me lo explique mejor.

—Mi mamá contaba que ella escuchó llorar a la bebé y vio que una enfermera se la llevaba. Pero tardaban en traérsela de vuelta... Al cabo de unas horas, mi mamá gritaba que le devolvieran a su bebé. Fue cuando un médico le dijo que mi hermanita había nacido muerta.

"Tuvieron que sedarla y la ataron a la cama. Dicen que estaba incontenible. En aquel momento los padres no entraban a las salas de parto, pero mi mamá le gritaba a mi papá que le trajera a su hija, aún estando muerta.

"Fue así que mi papá con dos médicos se presentó con la bebé sin vida. Mi mamá se calmó y pasó un día internada. Eso me contó. El tema es que ella tenía pesadillas recurrentes donde veía que le habían cambiado a su hija por otra, y lo responsabilizaba a mi papá, que estaba afuera de la sala de partos y no siguió a los médicos que llevaban a la bebé.

—¿Te acordás si tenía nombre la bebé?

—Sí, era María de los Milagros —Cristian hace una pausa, queda en silencio. Se pasa las manos por su cara y me dice, con los ojos empapados de lágrimas—: No me había dado cuenta de que ambos éramos "Milagro"…

Quedamos en silencio unos momentos. En tono suave pero firme le digo:

—Cristian, sos la reposición de tu hermana muerta. Debemos detenernos en este punto, por favor. Vos no sos tu hermana, pero sí su reposición, donde la historia de lo sucedido con Milagros, tu madre y tu padre, ha guionado hasta el día de hoy tu vida.

—Me impacta. Es fuerte lo que decís, pero lo entiendo —me dice con la respiración entrecortada.

—¿Qué sucedió luego? —le pregunto—. Me refiero a los embarazos que tu mamá perdió.

—No lograba retenerlos y los perdía. Cuando queda embarazada de mí, pensaba que me iba a perder durante todo el embarazo. Mis tías cuentan que caminaba lento, que casi no se movía. A veces no quería bañarse para no estar de pie. Entonces se lavaba con un trapo y permanecía sentada. Luego, cuando nací, me dijeron que ella estaba muy angustiada durante mi primer año y me llevaba a la cama para dormir, mientras me amamantaba.

—Es probable que en este momento tu mamá comenzara un proceso que llamamos *reparación biológica* en relación a lo sucedido en sus anteriores embarazos. Y con vos en brazos, habiendo logrado la maternidad, entrara en la *fase de solución* de lo ocurrido. En este momento, el cuerpo se manifiesta y su expresión es a través de los *síntomas*. Uno de estos *síntomas* es para permanecer quietos, y quedarnos tranquilos, como aletargados. Se llama *vagotonía*, según los descubrimientos del doctor Hamer, en las llamadas Leyes Biológicas

Muchas veces se menciona la depresión como diagnóstico, sin embargo, estamos recuperándonos de todo lo sucedido. En un escenario seguro para hacerlo, la emoción predominante puede ser apatía, abulia, estar sin ganas de hacer nada, con un agotamiento extremo. De esta manera, el organismo nos obliga a quedarnos quietos para garantizarse la recuperación.

—Ahora, contame, por favor: ¿tu mamá hablaba de lo sucedido?

—Sí, a medida que fui creciendo mi mamá me contaba la historia de mi hermanita. Así que cada domingo íbamos al cementerio y luego me llevaban al parque que quedaba en frente.

—¿Quiénes te llevaban?

—Bueno, como el cementerio quedaba enfrente del parque de diversiones, mi papá nos llevaba y esperaba leyendo el diario en el auto hasta que salíamos de visitar a mi hermanita. Luego nos acompañaba a los juegos.

—Cristian, tu papá acompañaba. Más allá de lo que sucediera, el gesto de tu padre ha sido estar para tu madre y para vos. Entonces, merecés conocer a tu papá libre de la interpretación de tu mamá.

—¡Es cierto! Mamá me hablaba de papá a sus espaldas, en su ausencia, y cuando yo me quedaba con él, sentía que le fallaba a mamá, pero me gustaba pasar tiempo con papá.

—Es muy importante darnos la oportunidad de revisar lo sucedido para sentir la tan necesaria calma, relativizar aquello que vimos como absoluto.

Cuando somos niños, "los que saben" son los padres, son nuestros "dioses". Luego, en la vida adulta, debemos humanizarlos para lograr avanzar livianos con nuestras mochilas de pasado, sabiendo que no podían hacerlo de otra manera.

—En cuanto a tu motivo de consulta, en cada embarazada que atendés y a cada bebé que recibís estás atendiendo a tu mamá y custodiando que nada le suceda a tu hermanita, Milagros. El mandato de tu madre es: "Vos no me falles como tu padre". Es por ello que tu elección de profesión supera tus compromisos. Porque aún mantenés la lealtad de cuidar a tu familia, inclusive asumiendo el lugar de tu padre. *Tu vocación tiene el propósito de reparar la historia de tu madre* dándole consuelo para que la historia no se repita.

—Ahora comprendo por qué sigo al bebé hasta que sea devuelto a la madre…

—¿Por qué, Cristian?

—No quiero que mi hermanita vuelva a perderse —me dice llorando.

Le doy unos momentos para que conecte con esta información. En voz suave y pausada le digo:

—Esta es la toma de consciencia. Este es tu programa de lealtad familiar...—. Tomando aire para darle una voz más animada, sigo—. Te propongo un ejercicio: ¿hace cuánto no vas al cementerio a visitar a tu hermanita?

—Muchos años. Desde que me mudé a Mar del Plata.

—Considerando el motivo de esta consulta, creo que sería bueno devolver el pacto amoroso e ir a visitarla.

—Creo que su tumba... ya no está —me responde.

—¿Recordás su ubicación?

—¡¡¡Sí!!! Totalmente.

—Bueno, entonces, vas a volver a hacer aquellas salidas a las que solían llevarte tus padres. Pero es fundamental que esta vez sea tu deseo, tu interés y tu elección. ¡Vos elegís hacerlo! ¿Está bien?

—Entiendo.

—Tal vez un encuentro con tu hermanita sería sanador para vos. Presentate frente a la tumba y decile quién sos. Contale lo que pasó con papá y mamá. Decile que gracias a ella tuviste los buenos padres que te supieron acompañar. Contale que sos el encargado de que los bebés nazcan y siempre vuelvan a sus madres. Contale que le devolvés su lugar como María de los Milagros, la única Milagros de esta familia. Que lo hiciste bien, que a su tiempo volverán a verse. Ahora, Cristian, te toca asumir un nuevo compromiso, uno propio. Tuyo únicamente: compartirte con alguien más, fuera del pacto familiar. Y luego... ¿qué te parece si te llevás al parque de diversiones, a pasear?

Nota para vos y para mí: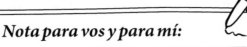

La biología nos fideliza en nuestras conductas a partir del placer.

Sentimos placer cuando comemos, así nos garantizamos nutrirnos.

Sentimos placer en la intimidad sexual, así nos garantizamos la reproducción.

Y sentimos placer de hacer nuestra vocación, así nos garantizamos cumplir una acción, trayendo una solución a lo sucedido.

Esta es la manera en que la naturaleza nos fideliza en nuestras conductas con sensatez en relación a la historia familiar de la que somos partes.

Para mí, es una suerte de *manipulación biológica* que se ejerce a través de nuestras hormonas del placer –que al resultarnos narcóticas– subrayamos la respuesta de recompensa haciendo sistemáticamente lo que nos place vocacionalmente, con el único propósito de serle fiel a nuestro árbol familiar.

Según el diccionario, la vocación es la "inclinación o interés que una persona siente en su interior para dedicarse a una determinada forma de vida o trabajo". También se define como "la llamada o inspiración que una persona siente procedente de Dios para llevar una forma de vida, especialmente de carácter religioso".

A lo largo de muchos años de trabajo he detectado una cantidad enorme de vocaciones. Te comparto algunos ejemplos, los que más llamaron mi atención.

✅ **Los contadores**: muchas veces se encargan de que no se repitan situaciones de estafas o pérdidas de bienes por una mala administración o por simple ignorancia.

Me recuerdo del caso de un joven administrador de empresas que era, además, administrador del consorcio donde vivía. Todo el tiempo estaba controlando que las cosas le salieran bien. Me contó que sus padres, diagnosticados con ludopatía, considerados por su hijo como inmaduros emocionales, llegaron a comprar un diagnóstico que les permitía presentar una carpeta psiquiátrica admitiéndose incapaces de poder trabajar. Así convirtieron a mi consultante en el responsable legal, quien a partir de esto quedó sometido a los vaivenes y compromisos financieros a los que sus padres lo obligaban, pues le falsificaban la firma, dejándolo como deudor irremediable. Finalmente, con los años, asistencia legal y psicológica, logró emanciparse emocional y económicamente de ellos. Hasta cambió su apellido.

✅ **Los abogados:** como paladines de la justicia, se encargan de que los abusos, las injusticias, las pérdidas de su familia por falta de recursos o falta de entendimiento en las causas no vuelvan a suceder.

Me acuerdo particularmente de una abogada. Ella, cuando era niña, con apenas 12 años, esperaba a los abogados salir de Tribunales para preguntarles por el caso en el que sus padres se vieron envueltos. Su casa tenía pedido de embargo, pues sus padres, analfabetos, la habían puesto como garantía de un usurero.

✅ Las docentes y las directoras de escuelas: ¡Ellas jamás se jubilan en verdad! Se retiran de sus actividades, pero nunca las abandonan. Custodian fielmente que los niños estudien, lo hacen en reparación de los que en sus propias familias no lograron estudiar.

Atendí el caso de una directora de nivel primario que aún durante la cuarentena iba a la escuela, pues extrañaba la institución. Era la nieta de una mujer que debió separarse de sus hijos para enviarlos a la única escuela que había, un internado a cincuenta kilómetros de su casa. Al cabo de ese año, la abuela fallece. El pacto de mi consultante es permanecer cerca de los hijos de su abuela, quienes serían simbólicamente los alumnos de la escuela.

✅ Los artistas: Nacen dotados de un talento extraordinario, y se garantizan lograr en esta vida lo que en generaciones pasadas no se logró.

Te comparto el caso de un hombre que atendí que poseía oído absoluto. Ese don le valió obtener una beca de estudios en el conservatorio de música desde edad temprana. La historia que lo guiona es la de su abuelo, que era músico militar. Este, al venir al país después de la Segunda Guerra Mundial, solo podía tocar sus instrumentos en las reuniones que sucedían en el conventillo donde vivía. Debió abandonar su gran talento por un trabajo de cartero que no le gustaba, pero daba alimento a su mujer e hijos. Su talento debió esperar generaciones, hasta que su nieto le garantiza que ya es posible ganar dinero haciendo lo que el abuelo no pudo.

✅ **Los deportistas extremos**: se acercan tanto al borde de la muerte que muchas veces denuncian las muertes violentas por accidentes de una familia.

Recuerdo el caso de un surfista profesional de 30 años que corría olas en playas no reglamentarias por la magnitud de su peligro. Había abandonado dos empresas que él mismo había fundado y varias buenas parejas. Su familia no lo comprendía, lo llamaban "el loco". Pero no estaba loco: él compartía información con el abuelo paterno que había fallecido a los 35 años, cuando volviendo de Uruguay a Punta Lara, en Argentina, la embarcación en la que viajaba se hundió y este hombre le cedió su salvavidas a una mujer embarazada. Ella sobrevivió y esa bebé, convertida en mujer, le corroboraría la historia a nuestro deportista extremo. Pero antes de saberlo, él tenía *informado* que no hay vida más allá de los 35 años, es por ello que trae esta nueva información: se convierte en un nadador experto y no "sienta cabeza" hasta luego de cumplir esa edad. Años después de nuestro encuentro, a los 37, me llamó para contarme que estaba comenzando una relación estable, que había dejado de viajar y pronto sería papá.

✅ **La acróbata**: una mujer hiperquinética que, naturalmente, le resultaba imposible quedarse quieta. Esto le había traído grandes inconvenientes en la escuela. Era nieta de una abuela que había quedado parapléjica, postrada en una cama por falta de recursos económicos hasta su muerte. Desde la perspectiva del método transgeneracional a esto lo llamaremos *reparación*. Su nieta gana dinero desde el mandato de moverse por todo lo que no pudo su abuela, con quien compartía nombre.

✅ **El artista circense**: un hombre joven cuyo número de circo se basaba en hacer equilibrio y una escena con anillas. Me dijo que amaba volar porque era libre. Una sensación que no podía expresar en su totalidad, una sed constante de saciar. Él sentía cubrir la necesidad de su padre que murió en la cárcel.

✅ **¡Su vocación era limpiar!**: Mujer, mamá de tres hijos. Con su propia empresa de diseño gráfico. Decía disfrutar de hacer la limpieza de su hogar. "Es lo que más me gusta del día", me confesó en la consulta. Su comportamiento garantizaba que nadie más que ella se encargara del aseo de la casa. Para "evitarse intrusas", me dijo. Resulta que sus abuelos adinerados tenían un ama de llaves a la que embarazó el abuelo y se fue con él a vivir a una casa enfrente de la suya.

La enfermera
("Me enamoro de hombres enfermos")

Conocí en mi consulta a una mujer que se casó con quien luego fuera el padre de su única hija. Al poco tiempo de nacida la bebé, él sufre un derrame cerebrovascular y queda internado; al cabo de unos días, muere. Más tarde se enamora de un hombre que estaba en tratamiento oncológico, aparentemente avanzado. Fueron pareja un par de años, convivieron y lograron realizar viajes. De manera inesperada, sus riñones dejaron de funcionar, fue internado; luego de estar varios días en coma, falleció. Ella me confiesa que se siente muy atraía por hombres débiles de salud y que experimenta un profundo placer en cuidarlos.

La historia que la guiona es la de sus abuelos maternos, quienes habían logrado un amor de novela y superado muchos desafíos –posguerra, desarraigos y pobreza– pero siempre se habían mantenido unidos. Su abuelo fue hospitalizado por un evento coronario y al cabo de unos días, su abuela es ingresada en el mismo nosocomio por un evento respiratorio severo. Lo que sucedió luego es la herencia que mi consultante se siente inexorablemente atraída a resolver. "Ambos mueren sin saber lo que sucede con su pareja". Es por ello que la heredera de esta trama debe sostener la mano de su amante en representación de aquellos que estuvieron privados de hacerlo.

Después de la sesión conmigo, coincidimos en que tanto amor por cuidar debía ser canalizado en una labor. Y es así, como luego de años de estudio mientras trabajaba y mantenía a su hija, se recibe con honores de enfermera especializada en tratamientos paliativos.

En este punto, podemos ser francos y preguntarnos:

¿qué es lo que me emociona?

Como ya vimos, puede ser una acción, como limpiar,
un entrenamiento, como ser acróbata,
una profesión, como obstetra,
pero siempre es a lo que le dedico tiempo con gusto.

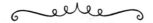

Entonces, te invito a preguntarte:

Vos ¿a qué te dedicás?

Y eso que hacés,
¿tiene que ver con lo que le faltó a alguien de tu familia?
Lo que te emociona llevar a cabo,
¿es posible que se encuentre relacionado con tu historia familiar?
¡Dale! ¡Animate a preguntar!

"Yo lo veo todo"

Nos encontramos frente a María. Una mujer de 52 años. Su estatura es baja y es delgada. De actitud activa e inquieta. Abogada. En pareja con un hombre. Sin hijos.

Se sienta frente a mí en el sillón, se descalza y me dice:

—¡Qué hermoso es tu espacio de trabajo! Me gustan mucho los arreglos florales de la entrada, el cuadro de flores de metal en el pasillo, los llamadores de ángeles, los de vidrio y los metálicos… ¡Y tenés un nido con huevos en el pasillo de entrada! ¡Qué bueno!

En este punto, me quedé perpleja. Yo había observado cómo una maceta se convirtió en nido, pero no que estuvieran los huevos ya instalados. Le digo:

—¡Qué capacidad de observación! Es admirable.

—¡Es que yo lo veo todo! No se me pierde nada.

—¿Cuál es el motivo de la consulta, María?

—Soy obsesiva del orden. Esto me está trayendo problemas en el trabajo.

—¿Dónde trabajás?

—En Tribunales. Soy responsable del archivo donde se encuentran los legajos con los casos de desapariciones en el proceso militar.

—Por favor, contame un ejemplo reciente que te haya generado un problema —le pido.

Como si ya hubiera repasado mentalmente lo que me iba a decir, entrecierra sus ojos, toma aire y resueltamente responde:

—No dejo que toquen los legajos y no quiero que nadie me desordene el archivo. Cuando llegan los secretarios de los abogados o los jueces, me apuran para que los encuentre, dicen que estoy lenta. Pero no quiero que me ayuden, ellos quieren entrometerse y no se los permito.

—¿Vos trabajás sola?

—¡No! Somos cuatro. Pero cada vez los dejo hacer menos, para que no se pierda nada. Llevo el control de todo lo que ahí sucede, desde hace tiempo no disfruto de mis vacaciones pensando en cómo encontraré desordenados los legajos a mi regreso. Siempre se pierde algo... ¡Y me consultan todo, todo el tiempo! Me siento agotada, pero no sé delegar, ni compartir mi trabajo.

—Comprendo, ¿desde hace cuánto tiempo reconocés este comportamiento?

—Creo que hace quince años, cuando comencé a trabajar en este lugar.

—María... — sabiendo que su mente inquieta no acepta rodeos, le pregunto—: ¿Te gusta tu trabajo?

—Me fascina.

—Sin embargo, te sentís agotada y aún así no delegás ni aceptás ayuda...

—Es así. Hay veces que creo que voy a colapsar.

—¿Te gusta vivir así?

—No, la verdad que no —me responde bajando el tono de su voz mientras libera un suspiro.

—¿Qué te gustaría?

—Conectar con mi pareja, poder salir a caminar por la costa sin pensar en el trabajo. Organizar las vacaciones y días de descanso y disfrutarlos... ¡Estar en paz! ¡Eso quiero!

—¿Reconocés haber estado en esa sensación de paz alguna vez?

—Ahora no recuerdo.

—María, ¿te gustaría encontrar esa sensación y reestablecerla en tu vida?

—Obvio que sí.

—Te propongo un ejercicio. Una línea de tiempo.

—Muy bien —se entusiasma—. ¡Dale!

—María, por favor, cerrá tus ojos. Juntas vamos a respirar tres veces...

"Tres, dos, uno... Desde este lugar solo vamos a conectar con el momento actual.

"Al inhalar vas a sentir cómo el aire entra a tu nariz frío y seco... Y al exhalar vas a sentir el aire salir tibio y húmedo...

"Eso es... Y a medida que respirás, más y más te relajas. Y con cada respiración más y más relajada te sentís.

"Ahora te pido que dirijas tu atención a los puntos de tensión de tu cuerpo y le des orden de relajación. Eso es... Y a medida que respirás, más y más te relajás y con cada respiración, más y más relajada te sentís"...

Al cabo de unos minutos de ensoñación, María había logrado su relajación.

—María, te pido que entres a la última escena en la que te sentiste agotada en tu trabajo. Asociate completamente a la María de la escena. Sentila en vos. Estás ahí. Observá. ¿Qué sentís?

—Miedo.

—¿En qué parte de tu cuerpo sentís el miedo?

—En mi cara

—Poné tu mano en tu cara, por favor.

—No puedo.

—¿Por qué no podés?

—Me siento paralizada —solloza.

—Muy bien, entonces, ¿me permitís poner mi mano sobre tu frente, por favor?

—Sí.

Cuando apoyo mi mano en su entrecejo libera un alarido, y luego un llanto que moja sus mejillas. Todo su cuerpo estaba paralizado y rígido.

—María, estoy con vos. Te acompaño. Estoy tomándote de la mano. Estoy con vos. Ambas estamos en esta situación. Sentí mi presencia, estoy a tu lado. Llevame con vos al origen de esta emoción de miedo. Yo te acompaño. ¿Dónde estás?

—En el living de casa.

—¿Con quién estás?

—Estamos todos.

—María, ¿quiénes son todos?

—Mi papá. Mi mamá. Mi hermana mayor y la niñera.

—¿Qué edad tenés?

—Cinco años.

—¿Qué está sucediendo? ¿Por qué sentís miedo?

—Entraron unos militares a casa. Hay gritos. Tienen armas. Mamá me empuja y papá discute... No sé qué les dice.

—¿Qué quieren?

—Buscan a Cecilia.

—¿Quién es Cecilia?

—La niñera. Nos gritan. Le piden a mis papás y a mi hermana que se pongan detrás del sillón, que metan la cabeza entre las piernas y que no se asomen.

—¿Y a vos, qué te piden?

—Que no me mueva. Yo estoy de pie. Quietita. Ay, ¡no! ¡No! —grita—. ¡La mataron! ¡Cecilia, no!

—¿Estás gritando en la escena?

—No. No me salen las palabras. ¡Estoy paralizada! ¡Qué miedo! ¡Siento mucho miedo!

—María, vas a respirar conmigo. Estoy con vos. Calma. A medida que respirás, más y más te relajás… Eso es, y con cada respiración más y más relajada te sentís. Eso es…

Su respiración se vuelve pausada.

—Ahora, vas a visualizar que la María adulta que sos entra a la escena. Te vas a poner de rodillas frente a la María chiquitita, dándole la espalda a los intrusos. Vas a decirle: "María, yo soy la mujer de tu futuro. Vengo a traerte información en el tiempo. En el futuro somos fuertes, activas y capaces. Tenemos una pareja. Y un trabajo que nos fascina. Vengo a decirte que en 45 años continuamos vivas. Y que este es un momento en nuestras vidas. Nosotras y nuestra familia continuamos más allá de esta situación. También vengo a decirte que esta situación no está bien, es por ello que nos pasaremos haciendo las cosas correctamente el resto de nuestras vidas.

"Y también vengo a decirte que aunque LA AUTORIDAD te haya designado como la persona para VER, ya no es necesario

VERLO TODO. Es tiempo de dejarnos en paz. María Chiquitita: ¿vos conocés la paz?".

Ella se toma unos instantes buscando el recurso y me responde suavemente:

—Sí.

—¿Me llevás a un momento en el que sentiste paz, por favor? Sigo a tu lado, tomándote de la mano. Llevame. ¿Dónde estás?

—En mi cama con Cecilia, que me hace compañía para dormirme. Ella duerme en la cama de al lado.

—¿Qué sentís por ella?

—Amor. Es mi amiga.

—Decíselo, por favor.

—Te amo. Sos mi amiga —dice emocionada.

—Ahora, mentalmente, le vas a decir: "Gracias, querida Cecilia. Te recuerdo y te llevo en mi corazón. No me corresponde comprender lo que sucedió, yo soy chiquita. Pero te llevo conmigo. Sos importante para mí. Ahora debo continuar y elijo hacerlo con tu recuerdo de darme paz estando a mi lado". María, te dejo unos instantes para que le digas lo que sea necesario.

Su rostro permanece inmóvil, respira y finalmente sonríe. Le pregunto si ya está y asiente.

—¿Dónde sentís esta paz, María?

—En mi pecho.

—Llevá tu mano al pecho, por favor.

Yo saco mi mano de su entrecejo y ella puede moverse. Luego yo apoyo mi mano sobre la suya, anclando el sentir en su pecho, y le digo:

—Esta es tu paz. Esta es tu fuerza. Esta es tu memoria nueva de vida. Esta paz también sos vos. Asumila, por favor. A este estado de paz vas a volver cada vez que lo necesites. Ya es tiempo. ¿Estás listas para asumir tu vida desde esta nueva consciencia?

—Sí, lo estoy.

—Muy bien, a tus tiempos, despejada, liviana, en paz y en gratitud con vos por este encuentro con vos… vas a abrir tus ojos.

Cecilia era una empleada que encontró trabajo y un hogar en la casa de los padres de María como niñera. Era una joven del norte del país que fue a la ciudad de La Plata para poder estudiar. Ella tenía 19 años cuando este evento sucedió. Y los padres de María, la edad que tiene nuestra consultante al momento de la sesión.

—María, ya es tiempo de descansar de la acción que te designó aquella autoridad de verlo todo, ¿sabés?

—Sí, lo sé… Leonor, hay algo que no te dije. ¿Puedo contarte?

—Absolutamente.

—Mi pareja trabaja en un registro civil y es un hijo de desaparecidos.

—Entonces, María, después de lo sucedido, ¿cuál es tu opinión? —le pregunto sonriendo.

—Él está buscando a sus padres y nos atrajimos para sanarnos.

—Gracias, María, me has honrado con tu historia.

Nota para vos y para mí:

Nos atraemos desde el dolor para, juntos, hacernos más fuertes poniendo una nueva información.

Sé bien que temas tan sensibles abrirían un debate extenso y significativo con múltiples reflexiones, todas valederas como valiosas en cada persona que las enuncia.

Este evento cívico, independientemente de la postura que se asuma, ha dejado una huella profunda en nuestro inconsciente social, nuestro inconsciente familiar y nuestra historia personal, como tallado por la mano de un orfebre con la precisión de un docto artesano, con políticas de un Estado que las atraviesa y sus esquirlas que, indefectiblemente, nos alcanzan.

En definitiva sí, el Estado somos todos. Entonces, entiendo que debemos asumir y atender nuestras heridas personales para lograr un bien mayor.

Una consulta contiene en sí misma la simpleza más sentida, donde TODO es importante y forma parte.

Lo sencillo y magnánimo de atender humanos es la extraordinaria obra en la que nosotros mismos, como sociedad, hemos construido con nuestras experiencias, para luego ser sanados en la más reservada intimidad.

Y esto es madurar.

> Por ello, como acompañantes nos corresponde:
> Atender...
> Contener...
> Liberar...
> ...DESPOJADOS DE JUICIOS PERSONALES.

y así como con María, reestablecer nuestra tan ansiada paz interior.

¡Sí, no hace falta que te diga que soy feliz con mi trabajo!

RETIRARSE... ¿UN EVENTO FAMILIAR?

*Dedicado con mucho cariño al actor Diego F. Pérez,
con quien desde su programa de radio
hemos abordado el tema repetidas veces.
Agradecida siempre de tu compañía, Diego.*

"Me casaron por carta"

Ella es Eloísa. Una mujer mínima de estatura.

Tiene 75 años. Muy coqueta, con sus uñas largas y bien pintadas en un tono rosado suave que combina perfecto con su labial perlado. Su cabello, de peluquería, en rubio ceniza, con ondas tipo "melenita". De ojos pequeñísimos. Lentes de marcos dorados tipo Sofía Loren. Lleva al cuello una cadena y una gran medalla del Sagrado Corazón de Jesús apoyada sobre su torso delgadito.

Es una mujer moderna en sus reflexiones. Con un humor pícaro y despabilado.

Desde su escote saca un pañuelito planchado de tela, delicadísimo, como quien lo ostenta. Lo lleva a sus mejillas y lo vuelve a guardar.

Pero al hacerlo noto que su mano izquierda se muestra temblorosa. No así su mano derecha.

Le pregunto:

—Eloísa, ¿puedo tutearte?

—Por supuesto.

—¿Cómo llegaste a mí?

—Mi ahijada, su marido y mi hija me insistieron para que viniera.

El turno lo había generado su ahijada. De todas formas, acostumbro preguntar a mis consultantes cómo supieron de mí. Ciertamente, tengo como norma no atender a quien no gestione el encuentro. Suelo decir que "quien no llama, no viene". Pero su ahijada, a quien yo había atendido hace tiempo, insistió.

—Aparentemente tu familia está ocupándose de vos. ¿Los percibís preocupados?

—Sí, lo están. Creen que estoy depresiva desde que murió mi marido.

—¿Ese es el motivo de consulta, Eloísa?

—La verdad que no, Leonor, quiero que me ayudes a sacármelos de encima. Por favor.

Me tomé unos instantes para procesar lo que escuchaba. Su ahijada me encargó insistentemente a esta señora. Me llamó varias veces para que recibiera a su "abuelita". Me dijo que todos estaban muy preocupados desde que mi consultante había enviudado.

Yo no doy nada por sentado y muchas veces el motivo de consulta aparenta ser uno… pero es otro radicalmente opuesto.

Eloísa me está pidiendo ayuda, lo cual me hace sentir que no quiere una terapia, sino una aliada.

Así que me apoltrono en mi sillón, a sabiendas de que la historia se pondrá sabrosa y, simplemente, me dispongo a intervenir lo necesario. Pues yo daré lugar a su voluntad. Aún así, necesito partir del punto más evidente para mí, que es su síntoma visible.

—Eloísa, ¿me permitís hacerte una pregunta, por favor? —ella asiente y entonces le pregunto—: ¿Vos sos diestra o zurda?

—Soy diestra. ¿Por qué?

—Noto que tu mano izquierda está temblorosa. ¿Puedo preguntarte desde hace cuánto?

—Sí, desde hace unos seis meses. Ahora se me nota más.

—Quisiera contarte que, desde las Leyes Biológicas, sabemos que la mano izquierda nos remite a tu acción de madre o de hija, pero en un sentir contrariado que está perdurando. Le decimos "en suspenso". Tu síntoma de temblor puede ser que querés atraer para vos algo o que querés sacarte de encima algo. Y debe ser un movimiento que hay que hacer de manera rápida. Así que tal vez podamos atender tu síntoma, tu historia y tu situación actual en este encuentro. ¿Estás de acuerdo?

—Sí —asiente—, la verdad que sí. Reconozco que el tembleque de mi mano me preocupa un poco.

—Por favor, ¿me ayudarías a buscar cuál es la acción que estás haciendo desde hace unos meses pero, que NO querés hacer?

—¡No quiero hacer más las cosas de la casa! —me respondió de manera categórica.

—Muy bien. Considerando que el síntoma lleva seis meses, debe haber algo nuevo o diferente que te está contrariando. Pero no es lo que solías hacer antes de la aparición de tu temblor. Entonces, te pregunto: hacer las cosas de la casa, ¿es algo nuevo para vos?

—¡No, qué va!! Toda mi vida hice cosas de la casa. Es normal para mí. Pero lo nuevo es que mi hijo vino a vivir conmigo. Se mudó a un departamentito que queda atrás de la casa. En el mismo terreno.

—Entiendo. ¿No querés que viva cerca?

—No. No quiero que viva conmigo, quiero estar tranquila y sola. Siempre viví acompañada. Además, él está separado de su esposa y los días que le toca estar con su hijo, si tiene que salir me lo trae a mí. Mi nieto es hermoso, lo quiero mucho… Por favor, entendeme, Leonor, no soy una descorazonada. ¡A mí me importa mi familia! Pero me deja a mi nieto para que se lo cuide. Es un nene bueno, pero tengo que atenderlo. También me trae la ropa para lavar, siempre me pide algo… —se despacha Eloísa—. Ellos dicen que así están más tranquilos, que mejor es que esté acompañada. Los fines de semana, cuando no cocino, me dicen: "qué vaga estás, abuelita".

—¿Quiénes dicen que "estás vaga"?

—¡Todos en mi familia! Como ya no hago lo que hacía antes… Y la verdad, no es porque no pueda, ¡sino porque no quiero!

—¿Qué sucede los fines de semana, Eloísa?

—¡Viene toda la familia! Los recibo con cara larga. Piensan que estoy triste. No me dejan sola. Me dijeron: ¡vos estás depresiva!, porque no levanto las persianas de casa y estoy en penumbras mientras estoy en la habitación. ¿Podés creerlo?... Me llevaron a un psiquiatra que les explicó que estoy bien. Pero siguen igual. La verdad, quiero estar en paz. Si salgo, tengo que avisar, y si llego más tarde a casa me retan. Como si fuera una nena. ¡Te das cuenta, Leonor! —se queja, mirándome fijo, con tanta necesidad de ser escuchada sin juicios ni interrupciones... Yo solo la escuché.

—Creo que nos queda clara la razón de tu síntoma —le digo, finalmente.

—Sí. Ahora veo que tiembla más cuando estoy nerviosa —dice tomándose la mano izquierda con la derecha.

—Me gustaría saber cómo sería un día ideal para vos.

Ella suspira y sonríe levemente.

—Levantarme cuando se me abran los ojos. Ir al shopping a tomar café con las pocas amigas que me quedan vivas. Comer algo comprado o tomarme una leche con galletitas a la noche. Eso es ideal. ¿Está mal? —su mirada fue inquisidora.

—Eloísa, debo decirte que... ¡tu lucidez es abrumadora!

Nos reímos. Ella llevó su mano a su cabello suavemente. Se había distendido su gesto.

—Sin embargo —le digo—, debemos hacer una estrategia que sea colaboradora para que lleves adelante la vida que deseás, logrando un equilibrio con tu familia. Debe haber alguna buena razón para que ellos te estén tan encima, tan pendientes. No todos los hijos de madres viudas son... ¿cómo decirlo?... tan intensos —le digo con tono de broma.

Ella se sonríe y luego seriamente responde:

—Sí, la hubo. Pero ya no está más. Es por mi marido, que murió.

—¿Hace cuánto falleció?

—Casi un año. Él estaba débil, se cayó en la cocina, tuvo una hemorragia por el golpe. Lo operaron. Pero ya sabíamos que no iba a recuperarse. Y finalmente murió en terapia intensiva, a los días. Tenía 80 años.

—¿Cuánto tiempo de casados estuvieron?

—Cincuenta y nueve.

—Casi seis décadas —me sorprendo—. ¡Eloísa, tenés que patentar el método! ¡Lograste un récord!

—"¡Qué aguante!", me dicen mis amigas.

—Mencionaste que tu familia está muy pendiente tuyo y la razón sería desde la muerte de tu esposo. ¿A qué te referís?

—Mirá, ellos siempre estuvieron pendientes de mí y ahora más. Me cuidaron por miedo, porque mi esposo era un déspota, me maltrató muchísimo. En presencia de ellos y, la verdad, en su ausencia también. En estos últimos años había desarrollado una demencia, así que estaba más tranquilo. Y te confieso que yo también.

—¿Qué cosas hacía tu marido?

—Me gritaba cuando algo no salía como él esperaba y luego me dejaba de hablar por días. Me ignoraba; si yo entraba a una habitación, él se iba. A veces, me amenazaba con llevarse a mis dos hijos, y más de una vez no pude contener mi llanto.

—¿Por qué permaneciste con él?

—No supe hacer otra cosa. Yo quería que mis hijos tuvieran una familia. No tenía a nadie más que a él y los chicos… —me dice, mientras toma el pañuelo que guarda en su escote y lo sostiene, su temblor en la mano se ha suavizado mientras lo sujeta sobre su regazo, fijando la mirada en él.

Esto me da la pauta de que se siente tranquila y está a gusto con mi compañía.

—¿Cómo se conocieron con tu esposo?

—Para que lo entiendas, antes te tengo que contar de mi familia. Yo soy italiana, vivíamos en un pueblito que se llama Narbolia, en Cerdeña, con mi mamá y mi hermana menor. Mi papá se murió a mis 13 años. Era arriero de cabras. Un día estaba anocheciendo y como tardaba en volver, mamá me mandó a buscarlo. Lo encontré sentado sobre una roca, donde solía descansar, pero estaba sin vida.

"Siempre fuimos pobres. Pero a partir de ese momento, éramos pobres y tristes. Me hice cargo de mi hermana y de la casa. Mi mamá comenzó a vender las cabras. Pero sabíamos que no íbamos a poder mantenernos. Dos años después, la prima más grande de mi madre le contó a mi mamá acerca de una pariente que estaba en la Argentina. Ella tenía un hijo soltero y que buscaba una *paisana* para casarla con él. Así fue como mi mamá me lo dijo y yo accedí a escribirle, y si las cosas salían bien, podía venirme para acá y casarme. De esta manera yo iba a poder mandarle dinero a ellas".

—¿Qué edad tenías en ese momento?

—Diecisiete años.

—¿Vos te carteabas con él?

—Sí. Estuvimos casi un año escribiéndonos. Él era nacido argentino, entendía el italiano, pero no lo escribía. Así que mi suegra le leía las cartas que yo enviaba y luego él le dictaba la respuesta para mí… Un año después, yo ya estaba acá.

—¿A qué se dedicaba tu familia política?

—Mi suegra llevaba adelante un comercio de ramos generales en la Pampa. Era viuda y tenía un hijo único, mi futuro marido.

—¿Cuando llegaste a la Pampa te casaste y te fuiste a vivir con él?

—Nos casamos y me quedé viviendo con ellos. Y ahí comprendí por qué el apuro en que yo llegara lo antes posible. En la Argentina de ese momento el servicio militar era obligatorio a los 21 años. Si el postulante era padre, quedaba eximido de enrolarse. Mi marido tenía 20.

—Entonces, no solo se trataba de casarte, sino de embarazarte —le digo.

—Sí, claro. Mi suegra no quería que su único hijo se fuera a hacer la milicia y era capaz de cualquier cosa para lograrlo.

—Bueno, diste con una suegra un poco controladora.

—¡¡Un poco!! Toda controladora. Mirá lo que voy a contarte, Leonor. Como ella pensaba que yo debía ser virtuosa, en la noche de bodas verificó que mis sábanas estuvieran manchadas de sangre. Y luego, cada mes estaba pendiente si me venía la regla o no.

—¿Qué sucedía cuando menstruabas?

—Ella se encerraba con mi marido y yo escuchaba los gritos de él. Así que cuando mi marido venía a la habitación ambos teníamos que tener sexo y hacerlo bien.

—¿Qué significa hacerlo bien?

—Bueno hacer lo que ella nos ordenó. Ponerme almohadas debajo de la cadera mientras teníamos sexo y luego del acto mantener las piernas en alto por media hora, para que nada se saliera.

—¿Cómo te sentías con esta situación?

—Nerviosa, angustiada todo el tiempo. Me sentía controlada. Parecía que nada era suficiente. Mi suegra estaba metida en todo.

—¿Te gustaba tener sexo con tu esposo?

—Yo no entendía mucho. Me daba un poco de asco al principio. Me impresionaba verlo desnudo... Era un poco bruto. Antes de estar conmigo había estado con mujeres a las que les pagaba.

—¿Prostitutas?

—Sí. La mamá le daba el dinero para que él aprendiera a tratar a una mujer, me dijo. Todo esto sucedió antes de casarse conmigo.

—¿Y aprendió?

—No, era muy burro, se ve.

Ambas nos reímos con ganas. Luego, siguió:

—Tardamos tiempo en entendernos en la cama.

—¿Podías hablar con alguien o decir algo al respecto?

—No... Yo era sumisa, me guardaba todo y me aguantaba.

—Y luego, ¿quedaste embarazada?

—Sí, pero lo perdí. Tuve una hemorragia fuerte. Mi suegra me llevó al médico y me asistieron. Después en los controles, yo le decía al médico que tenía miedo, que me sentía asustada. Hubo una vez en la que giré la cabeza y la vi a ella que le estaba haciendo gestos al doctor como si yo estuviera loca. Entonces, mi suegra le pidió al doctor hablar a solas. Y me mandaron afuera del consultorio, para no escucharlos.

"Yo era chica y creía que todo lo hacía por mi bien y no quería fallarle a mi mamá, que me escribía que fuera obediente".

—¿Cómo te sentiste cuando perdiste el embarazo?

—Sentí que perdía lo único que era mío. Mi bebito. Y la posibilidad de tener mi familia de nuevo. ¡Yo estaba tan triste y tan perdida..! Tenía tanto miedo de que me volviera a pasar… Me asustaba quedar embarazada de nuevo. Pero al tiempo teníamos que volver a intentarlo, yo no quería, pero aceptaba para que nadie se enojara.

"Me acuerdo de una vez que estaba ayudando en el negocio y mi suegra les decía a los clientes que yo no servía ni para embarazarme, que pobrecito su hijo, la mujer que le había tocado. A los cinco meses quedé embarazada de mi hijo mayor".

—¿Y cómo te sentiste?

—Con miedo durante el embarazo. Pero más confiada a medida que pasaban los meses. En la casa había tranquilidad. Ya mi esposo podía quedarse con nosotras. Lo habían eximido del servicio militar. Después, cuando nació nuestro hijo, yo me podía encerrar en la habitación por horas. Era tan bonito mi bebé… Disfruté mucho tenerlo.

—Hablame de tu marido —le pido—. ¿Cómo era la relación de ustedes?

—Cuando estábamos solos, nos llevábamos bien. Pero él era muy obediente de su mamá, así que yo podía pasar tiempo con él en la medida que su mamá no lo reclamara. Yo intentaba no generar situaciones de enojo para que ellos no discutieran. Cuando quedé embarazada de mi segunda hija, le rogué que nos mudáramos a otro lugar. Y así fue, nos mudamos a un departamento a unas cuadras.

—¿Estabas más tranquila, Eloísa?

—Por un lado, sí. Dejé de sentirme controlada por mi suegra. Pero la verdad es que ahí conocí a mi marido, que ya podía pasar más tiempo conmigo y la verdad, era un maltratador. Se enojaba, gritaba, pateaba, amenazaba con irse y llevarse a los nenes. O no me hablaba por semanas. En esos tiempos, yo comencé a hacer costura y juntaba dinero. De esta manera ahorraba, porque cuando se enojaba escondía la plata y yo no podía comprarles comida a los nenes. Él decía que no podía sacar nada del negocio de su madre.

—¿Cómo era como abuela tu suegra?

—Buenísima. La verdad, cuando ella murió la extrañamos.

—¿Vos también?

—Sí, unos años antes de morir me pidió disculpas. Hicimos las paces. Me dijo que quería lo mejor para todos, que conmigo había sido muy dura para sacarme "buena", como lo habían sido con ella… pero que me quería. Sentí que todo de alguna manera estaba bien. Las madres nos equivocamos muchas veces, aun cuando creemos que hacemos lo mejor. Yo hice lo que mi mamá me pidió pensando que era lo mejor para mí y la familia. Pensaba que mi suegra, a su manera, hacía lo mismo.

—¿Pudiste ver a tu mamá y a tu hermana nuevamente?

—Una sola vez pudieron venir para la Pampa. Estuvieron un mes y se volvieron. Luego mamá se enfermó. Mi hermana se quedó cuidándola y cuando se casó se llevó al marido a casa de mamá. Yo nunca pude volver a Narbolia, y me parece que tampoco quise. Mi nieta sí fue. Me trajo fotos. Todo cambió mucho después de tantos años. Hoy, la casa de mis padres no existe. Después que mi hermana se mudó a la península se vino abajo lo poquito que había.

—¿Tu mamá estaba al tanto de lo que sucedía en tu matrimonio?

—Sí, decía que éramos muy jóvenes, que con los años iba a lograr un buen matrimonio. Que al buen esposo se lo hace con tiempo y que yo tenía que ser una buena madre y pensar en mis hijos.

—Hoy mencionaste que vos aguantabas, ¿no? —le dije guiñándole el ojo.

—¡¡¡Síi!!! ¡¡¡Eso sí!!! ¡Yo soy muy aguantadora! —me respondió riendo, dura como una mula.

—Eloísa, ¿sentiste amor?

—Por mis hijos, sí, mucho.

—¿Y por tu esposo?

—Amor, no. Por él, no. Pero aprendí a quererlo. Me acostumbré a vivir así. Yo tenía que mantenerle la rutina y evitarle sobresaltos. Entonces él estaba de buen humor y todos estábamos tranquilos. La verdad, Leonor, creo que él también aprendió a quererme, a su manera me quiso. Con los años logramos ser buenos compañeros.

—¿Sentiste amor por alguien más?

—Sí… —gira su cabeza, mirando hacia la ventana. Me responde pausadamente en tono bajo—. Sí…

—¿Por quién sentiste amor, Eloísa?

—Nunca hablé de esto, me cuesta…

Y finalmente, tomando aire dice:

—Sentí mucho amor... por una chica. Ella era una vecina de mi pueblo allá, en Italia. Cuando éramos muy jovencitas. Teníamos la misma edad, nos queríamos mucho y nos reíamos también. El día que encontré a papá muerto, ella me acompañaba y me llevó hasta casa. Ella me sostuvo y se quedó conmigo. Siempre lograba estar cerca. Te digo un secreto, Leonor, la primera caricia que recibí fue de ella. Se llamaba Vittoriana. ¡Conmigo era tan buena!, no sabés.

—¿Cómo era ella? —le pregunto y todo su rostro se ilumina. Su gesto deja ver a esa nena que alguna vez fue. Sonríe pícaramente, con ganas de compartirme a su Vittoriana.

—Era muy larga, flaquita. Una espiga. Mucho más alta que yo. Usaba trenzas larguísimas y era pelirroja. ¡La primera que vi en mi vida! ¿Te acordás de las muñecas Patas Largas? ¿Las que eran de trapo?

—¡Sí, claro!

—Bueno, ¡ella era una Patas Largas! Era igual —se ríe—. ¡Cuando corríamos sus mejillas se ponían muy coloradas! Siempre tenía una sonrisa. Era inquieta. Le gustaba explorar. Nunca quería volver a su casa, prefería estar afuera. Y era muy peleadora... Nos hicimos jóvenes juntas. Nos contábamos todos nuestros secretos... Cuando supo que me iba a casar, me pidió llorando que no me viniera a la Argentina, que no me casara, que me quedara. "¡Nos escapamos!", me dijo. "¡Nos vamos!" —su rostro se ensombreció lentamente—. Pero... ¿adónde íbamos a ir? Éramos dos niñas... ¡que nos queríamos tanto! No hay día en mi vida que no la piense. Sabés... ella es mi recuerdo más visitado —suspira.

Acercándole un vaso con agua le pregunto:

—¿Hubo algún momento en que la pensarás más?

—Sí, sobre todo cuando recién me casé. Eso me hacía sentir culpable, creía que era sucio pensar en ella, por ejemplo, cuando estaba en la intimidad con mi marido. Yo sabía que no estaba bien. Pero mi cabeza sola se iba con Vittoriana. Yo pensaba que algo andaba mal en mí, y hasta eso quería compartirle a ella. ¡No tenía a nadie...! ¡Solo a ella y ella era parte de mi problema!

"Estaba viviendo dos realidades —me cuenta—. Una, la del cuerpo, el que yo ponía en la cama... y la otra, la que yo tejía en mi cabeza. Y hacía mucha fuerza para no olvidar. Para retenerla... Pero lo mejor era no recordarla ¿no? Yo pensaba que me iba a volver loca y que un hijo me iba a ordenar la cabeza, por eso cuando nació mi bebé me dediqué a él completamente... Pobre hijo, si supiera que su madre...".

Su voz no puede decir nada más. Un llanto contenido por décadas se habría paso. Ya era seguro expresarlo. Yo estaba para tomarlo sin sumar ruido... La historia era tan sutil pero la energía de cómo fue vivido era pesada, muy pesada...

A Eloísa se le hicieron carne sus 17 años en este instante. Yo soy su testigo y me siento honrada con su entrega.

Estoy para ella. Que el silencio espere su turno... Aún no es su momento, pero sé que estamos cerca de la calma.

—Eloísa, nuestro ser nos da caminos, recuerdos, crea historias en nuestra mente que nos reconfortan cuando estamos tristes o nos sentimos en peligro. Vittoriana era tu amiga cómplice y tu refugio perdurable, lo fue mientras vivías en Italia y lo ha sido en cada tramo de tu vida. Aún hoy, en este instante, se hace presente y nos ayuda. Le doy gracias a ella por estar entre nosotras. ¡Qué importante tener un amor así! Afortunada sos porque lo pudiste sentir en tu cuerpo y mantenerlo vivo en tu recuerdo.

El amor se nos expresa a través de muchas "vitorianas" que aparecen en nuestras vidas. Se imponen para acallarnos la mente y sentirnos. Vivirlo es para lo cual hemos sido concebidos. Experimentar el amor es riqueza viva. Debemos agradecer a quienes nos tocan nuestros sentidos rasgando el alma, ellos son nuestros colaboradores de vida.

—Por mi parte, tengo que decirte, Eloísa, que no te debés nada. Tengo profunda gratitud con lo vivido en este encuentro con vos y por lo compartido. ¡Gracias!

Guardamos silencio unos instantes. Ella se seca sus lágrimas con su pañuelo. Luego le pregunto qué pasó con su amiga. Recuperando el aliento, me responde:

—Supe que se casó con un hombre y tuvo varios hijos. Se fue de la isla y luego no me enteré de nada más. Muchas veces imaginé que me la cruzaba en la calle y nos reíamos como cuando éramos chicas.

—¿Se escribieron?

—Sí, al inicio. Apenas un par de cartas que aún conservo. Pero viste que mi suegra leía la correspondencia… y yo tenía miedo de que se enterara de algo de nosotras. Así que decidí dejar de escribirle.

—Al inicio de nuestra sesión me mencionaste que el motivo de la consulta era que "te ayudara a sacarte de encima a tu familia". Vimos que tu síntoma de temblor en tu mano izquierda es una adaptación de tu cuerpo a no querer hacer la acción que te impone tu familia. Y que básicamente no querés hacerte cargo de los cuidados de tu hijo y tu nieto, ni continuar siendo de manera obligada la anfitriona de tu familia cada fin de semana. Pudimos ver que cuando estás nerviosa el síntoma se hace más notable.

También, considerando que tu mayor anhelo hoy es disponer de tu tiempo para vos, con una rutina que sea la que vos querés, sin horarios y pudiendo verte con amigas cuando gustes. Esto nos dice que hay ganas y que, aunque existe tristeza por la muerte de tu marido, también tenés deseo de crear una vida para vos. A más a tu familia. Pero estás cansada, también.

Ella asiente. Sé que tengo su atención y continúo:

—Esto debe ser atendido. Para ser asertivas, deberemos ser estratégicas. E ir de apoco. Tus hijos bienintencionados han asumido el acto de cuidarte. Esto de alguna manera ha ordenado sus vidas individuales y su vínculo entre ellos. Quiero decir que no van a dejarlo de golpe, pues estamos hablando de muchos años de un mismo comportamiento de cuidado hacia su madre y abuela. ¿Está bien?

—Sí, entiendo. De a poco, entonces.

—Por lo pronto, la prioridad es tu vida social. Tenés que verte con "las chicas", al menos dos veces por semanas. Si ellas están disponibles, claro. Vas a dejar de comprar comida para tener en la alacena, de esta manera tu gesto dejará de ser anfitriona. No laves la ropa de nadie más que la tuya, y por 40 días no cuides a tu nieto… De ahí en más solo si fuera tu deseo podrás hacerlo, pero con un horario límite. Te propongo que comiences una actividad fuera de tu casa en la que ellos puedan llevarte o que las reuniones familiares sean fuera de casa, un lugar donde se reúnan y no debas atenderlos. Pues tu agobio se trata de eso, y no de no querer compartir tiempo con ellos. Por último, si y solo si vos me lo permitís, esta estrategia se la voy a transmitir a tu familia. ¿Estás de acuerdo?

—¡Sí, claro!

—Pero deberás iniciar una terapia. Por un psicólogo convencional. De esta manera, tu familia confiará en que tus emociones están siendo custodiadas semanalmente. Y comenzarán a correr su atención de vos.

Le guiño un ojo y se ríe cómplice.

—Leonor ¿puedo decirte algo?

—Absolutamente.

—¿Vos creés que mi familia debería saber de Vittoriana?

—Si es importante para vos darle luz a tu amiga, también lo será para ellos. Ella es tu intimidad, no esperes que lo comprendan, ni te detengas en lo que te digan. Si la compartís, recordá que fuiste vos quien la custodio durante años en tu corazón. Nada de lo que suceda en tu entorno al respecto de tu historia es tu problema. ¿Está bien?

—Sí, entiendo.

—¿Cómo te sentís?

—Liviana, liviana. Me siento feliz.

Me abraza emocionada.

No fue necesario llamar a su familia. Esa misma noche me contactó su ahijada. Le comenté la resolución a la que habíamos llegado.

Y lo primero que le dije fue:

"El tiempo de los abuelos no es un bien familiar"

Luego le expliqué que Eloísa necesita pasar tiempo con ella y ser validada por esto. La frase "no es no" también aplica cuando es dicha por un adulto mayor que, como la abuela, se encuentra lúcida y plena. Debe ser respetada y, con la contención adecuada, todos van a volver a ponerse en su lugar. Su tristeza en estas condiciones nos dice que está sana emocionalmente.

Y la ahijada me respondió.

—Pero si no voy a ir a su casa, ni la tengo que llamar varias veces… entonces, ¿qué hago?

—¡Construite tu vida! Ahora está bien tener una vida que no sea por y para la familia. Esos valores te fueron transmitidos por Eloísa y tienen su lógica. Pero hoy, tantos años después, debemos sanarla **honrando su vida, y** acompañarla para poner una nueva información que es necesaria para ella y sanadora para su descendencia.

Le expliqué luego que hoy, para ellos, llegar a la vida adulta es seguro y se puede vivir con AMOR gracias a ella. Por eso, les pedí que se corran, porque **honrarla es dejarla ser.**

Un año después recibí el hermoso llamado de Eloísa. Era de noche.

—Leonor, ¿qué estás haciendo?

—En este momento estoy por cocinar —le respondo.

—¡Uy, pobrecita! Ella cocina —me dice en tono burlón y las dos nos reímos—. Te llamo para contarte que me mudé a un departamento, ¡SO-LI-TA!

—¿Cómo que te mudaste?

—Sí, mi familia se dio cuenta de que era mucho trabajo para mí una casa tan grande, así que pusimos en venta la casa y… ¡encontré un departamentito que es un chiche!

—¡Qué buenísima noticia! —e imitando su tono burlón anterior le pregunto—: y... decime: ¿tiene habitación para huéspedes?

—¡Sí! ¡Pero está llena de bártulos —se ríe. Luego, se compone y me dice—: Leonor, te quiero hacer una pregunta. ¿Conocés el Facebook...?

—Sí, claro.

—¿Sabés si sirve para buscar personas?

Nota para vos y para mí:

Eloísa necesitaba ser escuchada y validada.

No había más que darle lugar a una fina escucha.

Ella sabía más que nosotros de sí misma y su historia.

Solamente ordenamos prioridades.

Ser escuchada sin interrupciones, ni juicios o comentarios fuera de lugar.

Mucho de ella aún estaba *viva* en Narbolia con su "Patas Largas".

Su experiencia de amor es genuina. ¿Y por qué lo es? Porque se siente en el cuerpo.

Un cuerpo disociado de ella misma.

En un lugar, su amor. En otro lugar, su deber.

Y todo contenido por el mismo SER.

Desde pequeña, Eloísa fue funcional a la necesidad de su familia. Cumplió de manera perfecta con el compromiso a su madre, hasta que la figura que mantenía latente el pacto murió. El fallecimiento de su marido reaviva todos los sentires. Una vez más es dejada o separada. Su padre, su madre, su hermana, Vittorina, su primer embarazo, su suegra y ahora su compañero que, como ella dijo, "aprendió a querer".

Hoy, que la familia acompañe la exime de actuar a la vieja Eloísa. Y es el gesto más amoroso que haya hecho nadie en su historia familiar.

Entonces, retomo la frase que surgió en la consulta:

"El tiempo de los abuelos no es un bien familiar"

Su tiempo no está a nuestra disposición.

¡Sé que dejarle mis chicos a mi mamá y a mi papá es algo seguro (en la mayoría de los casos), y me da tanta tranquilidad!

En ellos hay encuentro, ilusión, juego, complicidades, anécdotas… Lazos entrañables que perdurarán más allá de todo tiempo y espacio.

Cuando estoy con mi abuela aprendo a convertirme en una para cuando llegue el momento. Esto es tan sublime como inspirador.

El peso de la presencia del ancestro nos modela amorosamente con una mezcla de solidez y ternura al mismo tiempo.

> *Mayormente, los abuelos traen calma y serenidad a la familia…*
>
> …¡si y solo si los abuelos quieren asumir ese lugar!

A veces, el abuelo que cuida a mi hijo, que es su nieto número cuatro, no se encuentra con las mismas ganas, predisposición y paciencia que cuando cuidó al primero, pero probablemente sigue operando el "sentido de cuidar y no hacer diferencia entre los hijos".

A veces los abuelos quedan cautivos de la premisa de no generar situaciones de discordia, peleas o desplantes entre hermanos o sobre sí mismos y asumen responsabilidades que no les corresponden.

Porque –creeme– muchas veces yo puedo ser un adulto que cría y sigo reclamándole a mi papá que me quiera, me atienda y me cuide a los nenes, porque creo que es su obligación y me lo debe.

Pero dejame decirte que solamente si tu caso estuviera judicializado, tus padres no tienen ninguna **obligación** de cuidar a tu hijo. Pero sí el **derecho** de elegir y estar con su nieto.

Muchas veces los padres tomamos trabajos y asumimos responsabilidades, o inclusive buscamos un colegio que le quede cómodo al abuelo para que se haga cargo de retirarlo de la institución, porque nosotros no estamos disponibles.

Todo está muy bien siempre y cuando estemos en concordancia en este punto.

Entonces, por favor:

NO DES NADA POR SENTADO Y PREGUNTAME TODOS LOS MESES CÓMO ME SIENTO AL RESPECTO, querido hijo.

Una cosa es que yo asuma cuidar a mis nietos porque debés hacer algo y otra muy diferente es que sea la niñera fija de todas las semanas.

Y eso sí… después no te enojes conmigo porque no cuidé a tu hijo como vos esperabas, ni te sulfures porque te desautoricé frente al nene o la nena…

Recordá que me cediste este lugar de cuidar y yo sé cuidar así, como te cuidé a vos.

Entonces te propongo:

Acordemos cuánto tiempo va a durar esta situación. Necesitamos un orden y fecha de vencimiento, (de esta manera mi animalito interno me ayuda para cumplir con mi acción de cuidar sin romperse).

Quiero elegir estar con mi nieto. No me lo impongas.

Y esto también es **inteligencia emocional**.

¿Vivir más es vivir mejor?

A lo largo de tantos años de consulta sé que las historias se parecen entre sí y hasta a veces parecen calcadas por tan iguales.

Sin embargo, actualmente el tema que más se presenta es el agotamiento de los hijos que cuidan de sus padres y el de los padres que, cuidados por sus hijos, se sienten controlados.

¿Qué nos aportan las Leyes Biológicas en relación al orden de una manada?

En la naturaleza hay diferentes especies de mamíferos organizados en manadas. Sabemos que cuando los miembros se desplazan de su rol es para asumir otro[10]. Si hay disputas, habrá tarascones y confrontaciones. Todo es necesario para dejar en claro quiénes somos en este grupo. Las hormonas nos ayudarán a ser más fuertes para imponernos o más sumisos para quedarnos quietos. Todo se resuelve en minutos. El grupo acepta y se reordena, pues hay un fin mayor: *el orden del grupo*.

Bert Hellinger, teólogo y espiritualista alemán, en su libro *Órdenes del amor*, explica que el Amor no es más importante que el Orden, ni se presume por encima de él, sino que es, justamente, el Orden el que contiene al Amor.

 **Los padres cuidan a los hijos.
Los más aptos, a los más vulnerables…**

Nuestra naturaleza es la misma. Solo que no queremos ni desplazarnos ni asumirnos relegados en nuestro rol, y entonces

---
[10] Ver capítulo 1

sostenemos la confrontación. Es decir, que a diferencia de las manadas de otros mamíferos, en nuestro caso <u>ninguna</u> disputa se resuelve en minutos, sino que muchas veces toma años, o simplemente no sucede jamás.

Suelo en sesión escuchar a mis consultantes con bronca, tristeza, resignación:

- 💟 "Debo decidir por mi padre…"
- 💟 "No quiero que mi hijo decida por mí…"
- 💟 "Mis padres solo quieren mi ayuda, no aceptan a nadie más. Pero estoy con mis nenes y el trabajo. La verdad, no doy más"
- 💟 "Mis hijos quieren que venga una enfermera y yo no quiero que nadie entre a mi casa"

Mientras los hijos adultos (entre 30 y 50 años) son exigidos para cumplir su labor profesional, quieren ser padres presentes y buenos compañeros y dadores de buen sexo en su pareja, son también a quienes corresponde la responsabilidad del cuidado de sus padres.

Entonces, en todo este rollo, ¿quiénes serán los más perjudicados? ¿Cuál será el eslabón más débil?: **la pareja** (que es la única relación no biológica).

Muchas veces creemos que nos separamos por temas de pareja, cuando es justamente con él o ella con la única persona con la que podemos ser nosotros mismos. Como un pararrayo descargamos en nuestro compañero de vida toda esta sobrecargada energía, hasta que deja de hacer masa en tierra… y se lleva su antenita donde no haya tantas tormentas.

Como un fusible, es la pareja la que se quema... Pero resulta que todo el sistema tiene un alto voltaje y la fuga de la sobrecarga se nos dio por acá.

¡Pero no lo olvides!:

> **Mi pareja es mi sostén y mi posibilidad de futuro a la par, siempre y cuando tengamos un presente sustentable, en equilibrio entre todos nuestros roles y acciones.**

¿Cuánto tiempo se puede mantener oprimido el "botón de estrés" –llámese suegros, padres, hijos, trabajo– sobre una única figura, es decir, nuestra pareja?

No se trata del amor sino del cansancio sobre el cuerpo, la mente y las emociones, que no pueden aguantar más y que eventualmente podrán manifestarse en un *síntoma sensato*. Un órgano de nuestro cuerpo hizo un cambio de funcionamiento y ahora tiene una etiqueta que me asusta. El médico lo llamará *enfermedad*, pero el doctor Hamer denominó *adaptación biológica* a una respuesta coherente ante un shock en el orden del animalito interno.

Íntimamente, respondo visceralmente como este bicho que habita en mí, y que –entre nosotros– muchas veces se quiere rajar, desaparecer y no volver más.

Y aquí, la frase incómoda:

"Una madre puede con diez hijos, pero diez hijos no pueden con una madre".

¡Y no deberían! Pues hay un Orden. Una madre está en un rol bio-lógico para hacer su acción, es decir, hormonas como la oxitocina la fidelizan en su labor, y esto permite que continúe con la acción de cuidado.

Las madres podemos cansarnos, eso está claro. Sin embargo, en la naturaleza, la leona, cuando ya no quiere amamantar, se pone de pie y aunque los cachorros estén prendidos a la teta, los arrastra, poniendo un límite claro en un gesto inequívoco de: "ya no estoy disponible para esto".

Del mismo modo deberíamos poder poner un límite en nuestras acciones (de una manera… cómo decirlo… más sutil y elegante, claro está).

Porque –seamos tolerantes en este punto– **es válido estar cansado**, sobrepasado, cuando cuidás a quien sea que estés cuidando, inclusive a tus padres, situación en la que, además, no tenés la hormona que te fidelice en la acción. Pero no sabemos, no podemos o no nos informaron que es posible poner un límite. Y que no debería existir un juicio de valor al respecto.

¡Está bien tu hartazgo!

Al menos, date ese derecho.

Seamos compasivos, por favor, con todas las partes antes de ser acusadores. Si creemos que "nuestros valores son otros", que "nos criaron diferente" o le tenemos "miedo al infierno" o lo que sea, dejame decirte esto:

No existe moral en el cansancio.

Y punto.

¡Sí, claro! Ahora, estamos frente a un dilema.

Recuerdo el caso de un hombre de 77 años que siempre vivió en la planta alta de la casa de su madre, que en el momento de su consulta tenía 97. Él me decía que ya se le dificultaban las escaleras para bajar a cuidar a su mamá...

Veamos. Somos más longevos que nuestros ancestros.

Pero vivir más tiempo no necesariamente es vivir mejor.

Los esfuerzos de todas las partes y la nuestra nos han permitido llegar a la vida adulta y permanecer ahí por mucho más tiempo. Pero debemos sincerarnos: **llegamos a un lugar donde no estamos contemplados.**

Lo que quiero decirte es que muchas veces llegamos muy bien a nuestra adultez, eso está claro, tal vez con una movilidad reducida, o un poco desorientados en el espacio-tiempo. Quizás nos cuesta nuestro aseo personal, aunque podemos valernos por nosotros mismos casi en la totalidad del día.

Aunque si nadie nos puede cuidar y lo necesitamos, nos debemos internar.

Pero... ¿dónde? ¿Qué lugar existe que se parezca a nuestro hogar? Sobre todo, cuando mayormente estamos aptos, pese a algunas limitaciones. Puede haber unos sitios muy buenos, inclusive residencias mejores que nuestra casa. *¡Pero no es mi casa para mi sentir más profundo!* No tiene mis *olores*, mis *colores*, mis *sonidos*. No tiene mis *recuerdos vivos* y los otros, que están adornando mis muebles y paredes. No existen *mis referencias* en este nuevo lugar, las que me permiten mantener actualizado *quién soy*, mi identidad de siempre.

Por ello, cuando dejo de tener estas coordenadas –que para mí son domésticas, habituales y familiares– porque me han internado, me siento confundida. Me pierdo, estoy desorientada. Me consterno. Camino dubitativa, insegura. Arrastro mis pies para "hacer más base", y al cabo de un tiempo dirán que me desmejoré y estoy transitando una demencia.

Para las Leyes Biológicas algunos de los programas biológicos se activan cuando:

- Hay *alteraciones* en mi territorio, es decir, mi lugar, ya sea donde vivo y con quienes vivo o trabajo
- Hay *contrariedad* en mi territorio. No sé a quién responder, ni a quién seguir
- *He perdido* mi territorio. Esto puede suceder aún cuando me mudo con mis hijos
- He *perdido contacto*. No estoy con los que solía estar, no solo mis parientes, sino también el almacenero al que veía a diario, por ejemplo
- Porque tengo un *contacto no deseado*. Es decir, estoy conviviendo con gente que no quiero o no conozco, que me tocan, por ejemplo, sin mi consentimiento

Los programas biológicos están para darnos soluciones al cambio de mi realidad, de mi ambiente. Las respuestas de mi cuerpo no están en contra mío, sino que mi animalito interno me da lo que sabe darme: respuestas orgánicas, como la de hacerme pis encima porque no puedo organizar mi territorio y quiero delimitarlo para que no entren, o dejo mi huella con olor para que me busquen. Esta es una de tantas respuestas, tan visceral y arcaica como la de cualquier mamífero expuesto a un cambio de su realidad.

Permitime decirte que... ¡los hogares son fundamentales! Cuentan con personal especializado para atenderme y contenerme. Esto debe quedar muy claro: si yo me pongo en peligro o pongo en peligro a mi entorno es necesario ponerme a salvo y para eso están preparados los hogares.

Mi abuela Inés, cuando se quedó sin casa a sus 80 años se fue a vivir con mi mamá y mi papá. Fue asunto de meses en que ella misma decidió que ese no era su lugar. No se sentía a gusto y no porque no tuviera comodidades, buena compañía, cuidados y amor, sino porque su temperamento no le permitía estar con "un matrimonio joven", como decía ella. Y, ciertamente, vivir sola tampoco era una opción. Esta fue su iniciativa y decisión, la más adecuada que ella encontró para sí misma. Junto a mi mamá encontraron un buen lugar para mi abuela Inés, una casa que en otros tiempos había funcionado como hotel, cuya dueña ahora también se encontraba recibiendo los cuidados del hogar. Todas eran mujeres que llevaban tiempo viviendo allí. Mi abuela compartía, junto a otras cinco mujeres, un espacio en común: el comedor, con una terraza con bellas plantas, donde mi abuela salía a fumar, y tenía una habitación compartida con otra señora. Si ellas así lo deseaban, podían cocinar, lavar su ropa y salir a pasear a voluntad. Claramente, eran mujeres que tenían cuadros clínicos muy controlados o que, como mi abuela, tenían la movilidad reducida, solamente.

Este lugar fue para todas las partes de nuestra familia la mejor opción a la situación que se nos presentó. No fue la ideal ni la perfecta, solamente la mejor opción.

Mi última morada

No existe lugar para generalidades. Es necesario entender a cada miembro del grupo en lo particular, e intentar acercarnos a la estrategia más amorosa, compasiva y sensata para todas las partes.

Es probable que yo esté casi completamente bien para la mirada general. E inclusive que esté perfectamente bien para mi mirada personal. Pero puede ser que ya no me oriente en la calle como antes. O que se me cansen las piernas y me cueste andar, o se me dificulte comunicarme, porque a veces pierdo el hilo de la conversación. Quizás me olvidé lo que vine a hacer al banco.

Entonces, sí, necesito un acompañante conmigo o un lugar que, como mencionamos antes, huela a mi comida y se parezca a mi casa.

Creo que deberíamos repensar un lugar que sea mi última morada desde mucho antes que surja como necesidad. Comenzar a plantearnos dónde, cómo y de qué manera sería ideal y –sobre todo– <u>fácil para nosotros obtenerlo</u>.

Tal vez esto sea contemplado por las empresas de construcción sumado a los entes de salud, y a la hora de comprar o alquilar una vivienda exista la facilidad de una reforma estructural en la casa. Quizás mi hogar de siempre con un tipo de construcción que permita cambios en su estructura, como desplazar paredes y ampliar marcos de puertas para cuando necesite un trípode o una silla de ruedas, y así poder desplazarme segura. Una casa donde reciba mi compra sin esfuerzo, con un equipo interdisciplinario que me atienda y cubra mis necesidades, que me resulten conocidos porque los empecé a ver antes de necesitarlos. Las mismas caras, los mismos profesionales… personas que me resulten familiares.

Porque –creeme y tenelo en cuenta–: muchas veces lo que adquirimos hoy se vuelve nuestra trampa luego. Y no vamos a dejarlo tan fácilmente mientras podamos defender nuestra posición, porque este ladrillo nos pertenece.

¡Qué lindo sería poder contar con construcciones que me permitieran un ambiente que se vuelva seguro y confortable mientras me hago mayor! Es decir, una casa que cambie con mis cambios.

Sería genial un plan de "retiro" (pido disculpas, me molesta está palabra y "jubilación" no me suena mejor...). Estaría dentro de un marco de referencia seguro y conocido para mí. Y sería como mi propia medicina preventiva a futuros síntomas.

La cacerola en el placard y otros indicios

Por otro lado, también existen los casos que, a diferencia de mi abuela, no aceptan ayuda de nadie que no sea exclusivamente familia. Te cuento algunas razones que me dijeron en consulta:

♥ Creo que lo de mi limitación es algo pasajero o es culpa del cambio de la medicación, estoy bien. Pienso que son injurias lo que mis hijos hablan de mí.

♥ Yo estoy perfecta, aunque haya encontrado mi cacerola guardada por alguna azarosa razón dentro de mi placard...

♥ No confío en nadie. Todos quieren estafarme y llevarse algo de mi casa.

♥ Mi casa no está tan sucia, sino que yo estoy desordenada, pero ni bien descanse, voy a limpiarla.

♥ Hace días que no llego a tomar la pala, porque no consigo agacharme lo suficiente...

♥ No estoy desalineada y sucia… es que temo resbalarme en la bañera, entonces me aseo con una toallita mojada…

♥ Tengo plata… Es que no sé en que saco, cajón, lata la guardé.

Estas son solo algunas de las cosas que me han dicho y también he visto. Y te aseguro que sus protagonistas están bien, dentro de su realidad, y pueden vivir mayormente sin ayuda.

¿Pero qué es lo que sucede? Me volví desconfiada. No quiero que nadie entre a mi casa, solo los que yo conozco. Los que yo quiero. Y ese sos vos, hijo mío, sos vos, hija mía.

…Y volvemos a empezar:

"Es que, mamá, estoy llevando a los nenes a la escuela".

"Es que, papá, mi marido está ahora internado, no puedo ir".

Una vez atendí a una hija que había sido la elegida por su madre para que la cuide, que era a su vez una mujer sumamente inflexible y estructurada. Ella, docente universitaria, madre de dos hijos y con una profunda crisis de pareja llegó a mi consulta para hablar al respecto.

Le propuse que comenzara a visitar a su madre con una "amiga" que en realidad fuera acompañante terapéutica o enfermera. Que lo hiciera cada vez que iba de visita a lo de su mamá, de esta manera su madre podía generar una familiaridad.

A los días llamó a su madre y le dijo que las compras las iba a llevar su amiga, que ella estaba retrasada, pero que iba a llegar algo más tarde… Con el tiempo, empezó a ir "la amiga" de visita sola. De esta manera, para el momento en que fue fundamental un acompañamiento diario, ya se había generado esta relación amigable.

La experiencia llevó unos seis meses durante los cuales mi consultante había logrado alternar con la acompañante los cuidados de su temperamental madre.

Si vos te encontrás transitando una situación similar con tus padres, esta es una buena opción para el futuro.

Como verás, en este capítulo hemos abordado diferentes miradas del "hacernos grandes" en esta realidad que llevamos adelante:

- El adulto mayor que quiere vivir solo
- El hijo que se hace cargo de su padre adulto
- El adulto que no quiere a nadie más que a su hijo para que lo cuide.

Ahora, te pregunto a vos:
¿Cómo te ves llegando a adulto mayor?

Queda claro que nuestra percepción de hacernos grandes tiene una íntima relación con nuestras experiencias familiares de envejecer. Según lo que viste de tus abuelos y tus padres y según como lo hayas percibido será cómo te sientas invitado a entrar a ese escenario. Inclusive si no te acordás cómo fue, tu naturaleza se encarga de recordártelo. Por eso, es probable que si tu padre murió a los 60 años, por ejemplo, al acercarte a esa edad, aún sin registrarlo de manera consciente, es decir, sin tenerlo presente, te sientas con miedo, ansiedad o sensación de duelo.

Tengamos en cuenta que la naturaleza toma nota de todo y guarda el recuerdo de manera ordenada. Por ejemplo, las mujeres no hacemos memoria para tener nuestro ciclo femenino, pero el organismo sabe el momento en que debe suceder. En psicogenealogía, cuando estamos con emociones como tristeza, sensación de duelo, miedo o ansiedad, sin haber razones aparentes, indagamos en las fechas del árbol familiar para buscar los eventos donde hayan existido situaciones coincidentes con el momento de la aparición de la emoción. A esto le llamamos *síndrome aniversario.*

Entonces, cuando llegamos a nuestro retiro, nos operan diferentes memorias que podrían influir en nuestra experiencia de hacernos mayores. Te doy algunos ejemplos:

- Como se haya vivido en mi familia la edad que estoy por cumplir (si es una edad segura para mi percepción, en caso de que alguien haya muerto con mi edad en generaciones pasadas)
- Qué sucedió después del retiro laboral en la vida de mis abuelos o padres. ("Mi padre se jubiló y murió a los meses", o "mi madre jamás pudo percibir su jubilación")

Preguntémonos, entonces: ¿cómo se percibe en mi grupo social y familiar hacernos adultos? ¿Y en mi cultura?

Hay sociedades en que ser adulto es adquirir una jerarquía, aporta a nuestra adultez respeto y autoridad, mientras que en otras la idolatría de la juventud genera que los mayores se sientan "material de descarte".

Esta información nos permite notar nuestros comportamientos, pensamientos y emociones al visualizarnos en el escenario de adulto mayor.

Ahora bien, si tu sensación en el cuerpo no se percibe calmada al imaginarte mayor, tal vez las próximas páginas puedan colaborar con vos para generar un cambio de realidad no solo para un futuro lejano, sino también para un futuro cercano.

> (¡Sé que por esta data que te voy a pasar a continuación vos me vas a querer!)

Acerca de tus "futuros posibles"

Te invito a un cambio de paradigma sobre nosotros mismos.

¿Qué opinás si ponemos una nueva información con nuestras propias experiencias de antemano y logramos tener pensamientos *benevolentes* respecto a hacernos mayores?

Es muy probable que me respondas:

- ¡Qué sé yo cómo voy a llegar a adulto mayor!
- Eso que proponés es muy difícil.
- En mi familia envejecer es feo
- No tenemos dinero para poder procurarnos un acompañante
- No tenemos dinero para acceder a un hogar de ancianos
- La casa no se puede adaptar.

Pero se te olvidó un detalle de mi pregunta: poner una nueva información a través de tus pensamientos *benevolentes*.

Bancame un toque más, dale…

¿TE GUSTARÍA VIVIR LA VIDA QUE QUERÉS?

Entonces, te voy a presentar a alguien muy especial. Él es Jean Pierre Garnier Malet, creador de la *Teoría del Desdoblamiento del Espacio y el Tiempo*.[11] Es físico y autor de varios libros y actualmente está postulado al Nobel de ciencia. Se consagró durante 10 años y 18 horas consecutivas a la investigación de una teoría que nos permite comprender la mecánica de la vida. Tuve el placer de conocerlo y tomar un curso con él. Es sumamente agradable y sensible a los que él considera como los más puros en el sentido cuántico: los niños, quienes, según este profesor, están en estado constante de "conexión". Sobretodo, los niños que poseen alguna adaptación biológica como las llamadas "autismos", "parálisis", "síndrome de down", etcétera.

Intentaré ser lo más precisa posible al respecto para ser fiel a lo que nos transmitió Jean Pierre:

Poseemos un cuerpo perfecto que nos permite proyectarnos en el futuro y verlo, arreglarlo y luego volver para vivirlo.

¡Ya sé que suena de ciencia ficción! Pero creeme: lo vivís desde antes de nacer e íntimamente conocés lo que te estoy compartiendo.

El momento en que esto sucede mayormente es durante la noche, en el sueño, cuando repasamos los eventos que realizamos durante nuestro día, identificando lo sucedido y los posibles peligros. Intuitivamente los modificamos y los borramos.

Según Malet y la Ley del Desdoblamiento del Tiempo,
todos tenemos dos tiempos diferentes al mismo tiempo.

---

[11] Estas teorías fueron avaladas por la revista *American Institute of Physics* de Nueva York y su comité científico y publicadas en 2006.

El primer tiempo es cuando te das cuenta, el tiempo consciente, y tenemos también miles de millones de segundos en otro tiempo imperceptible, en el que podemos hacer cosas cuya experiencia pasamos luego al tiempo consciente (en el que te das cuenta).

En cada momento presente tengo un tiempo del que soy consciente, en el que fabrico un futuro potencial, "tomo nota", y en mi tiempo real lo realizo.

Vos y yo tenemos la sensación de percibir un tiempo constante, instante tras instante. Pero...

...entre dos instantes perceptibles
siempre hay un instante imperceptible

Vivís en dos tiempos: uno es el que creés real y el otro es el tiempo cuántico.

¿Te acordás de la colección de libros *Elige tu propia aventura*? Eran libros de historias fantásticas en los que vos podías elegir qué hacer y así cambiar los finales. De un modo similar, según esta teoría, eso lo hacemos todos los días, todo el tiempo.

Vivimos varias posibilidades futuras imperceptibles, memorizamos LA MEJOR y se lo pasamos al que vive en el tiempo real, en este aparente "ahora".

La clave está a la noche, cuando dormimos. (¡Atenti!, que no funciona en la siesta). Cuando dormimos de noche es el momento donde asimilamos esta información. Es en el llamado sueño paradoxal, cuando dormís profundamente, aproximadamente durante las dos primeras horas del sueño nocturno.

Si pienso en algo feo, una tragedia o un accidente, este pasaría a ser un potencial que se imprime en el futuro y puede vivirlo otro o yo mismo.

¡Qué sentido me hace ahora el deseo de las madres de "que descanses", "que duermas bien", "que sueñes con los angelitos"! ¡Quieren que solo te pase lo mejor en esta noche!

Jean Pierre también se ocupa de los pensamientos hacia los otros.

Es decir, hacia las personas con las que vivo, con las que me relaciono, las que veo en la tele o incluso desconocidos.

Él repite:

"no pensar de ellos lo que no nos gustaría que piensen de nosotros", pues estamos intencionando esos potenciales.

A eso me refiero con los **pensamientos benevolentes**.

Cada cosa que pensás es liberada, como si se tratase de una puerta abierta para que accedamos a esa posibilidad.

Dicho en criollo; no pienses mal, viejo, ¡pensá bonito!

Es decir, que yo u otro puede luego encarnar ese pensamiento y de alguna manera vivirlo.

Entonces, frente a nuestro futuro, ¿qué pensamientos liberamos?

El pensamiento que tengo... ¿se trata de lo que me está sucediendo y no voy a poder resolver, o de lo que *me informaron* que puede suceder?

Por ejemplo:
- En esta familia se envejece con demencia...
- En esta familia nadie llega a los 80 años...
- En esta familia...

¿Te diste cuenta? ¿Sí? Entonces...

 ...estás a un pensamiento de distancia de vivir tu mejor futuro posible.

Depende ahora completamente de vos que:
- ...en esta familia envejecer sea hermoso
- y mi muerte un encuentro conmigo, colmado de paz.

Así que...
...mis pensamientos más hermosos son para vos, que me tenés en tus manos. ¡GRACIAS!

¡LO HICIMOS!

Nota para vos y para mí:

¡Gracias, gracias, gracias! Gracias por acompañarme en este logro impensado, al menos, para mí. Quiero confesarte que al inicio de este libro escribía con dos dedos y ahora… ¡casi con todos ellos! Eso también te lo agradezco.

No soy una escritora. Me percibo mujer en una familia ensamblada que encastro casi de manera natural con mi amada pareja. Soy, sobre todo, una mamá de tres hijos que alguna vez no fueron posibles y luego me concibieron… ellos a mí.

Cuando inicié mis estudios hace más de veinte años estaba embarazada y trabajaba. Apenas podía leer de punto a punto y aparte mis libros de estudio. Pero avancé.

En mi diálogo interno por mucho tiempo me dije que para ser mujer no era suficientemente linda y para ser inteligente no era varón… Me rompí constantemente junto a quienes me amaron, en malos tratos hacia mi persona. Soy la primera mujer en manejar un auto por linaje materno. En divorciarse y luego separarse del padre de sus hijos. La única terapeuta de ambas familias... Fue por momentos imposible. Ahora, puedo decirte que a veces fue muy difícil, porque sin referencias, uno siente que anda a tientas, de forma intuitiva. Pero mi *programa inconsciente* me puso frente a vos con mucho respeto por tu compañía. Mi *programa* sabía más de mí que lo que mi entorno y yo confiamos en quien te habla.

Desde el cariño más sentido te compartí algunas de mis historias de consultorio. Valoro tu tolerancia y paciencia por haber llegado a esta página, donde nos encontramos vos y yo.

Me quedan muchas más historias por contarte y todas me emocionan, me conmueven y me han transformado en mi percepción de lo que llamamos realidad.

Somos testigos de vidas.

Hemos sentido a los actores y actrices que eligieron una opción en cada paso que se les presentó. A partir de lo que sabían, a partir de su programa heredado familiar, a partir del rol que les toca, del género y sus posibilidades, hicieron lo que pudieron con lo que había.

Vos, yo, los otros. Los que me gustan, los que no. TODOS, TODAS le sumamos en nuestro constante vivir para intentar dar lo que tenemos y aprendemos. En formato de familia, compañeros de trabajo, amigos, comunidad...

Nuestra vida expresada en las pifiadas y los que creemos aciertos... Todo parte de esta fundición que da forma a mi existencia.

Lo que en una generación se vivió de una manera, en la siguiente se vivirá de otra.

EPÍLOGO

Lo que en un momento hice de una forma, hoy lo intentaré de otra.

Deberemos encarnar todos los personajes posibles y así abandonar el juicio.

> **VIVIR no se puede hacer de otra manera que no sea en PRIMERA PERSONA.**

Todos somos protagonistas y socios colaboradores de los que llamamos "otros" y ya entendimos el truco y es que

TODOS son YO haciendo de otro.

La infelicidad, creo, es querer actuar otro guion que no sea el que me corresponde.

Lleva años querernos. Y no es posible querernos en el éxito si no abrazamos los espantosos errores que cometimos.

> Así que, por favor:
> **¡dejate en paz de una vez!**
>
>
>
> Hay un instante en que me dejé caer en mí y entendí que…
> **…NADA PUDO SER DE OTRA MANERA.**

Somos herederos de guiones y también guionamos para el futuro.

Vos, yo, todos seremos eventualmente el ancestro de nuestra descendencia. (Aún con sobrinos de corazón o ahijados, o como un docente que influenció a su alumno).

Hagámonos cargo de nuestra importancia.

En beneficio propio y de las futuras generaciones.

Tenemos la oportunidad única de darnos cuenta.

Te invito a poner una nueva información.
- Dándote buena compañía.
- Eligiendo atender lo que sentís.
- Eligiendo qué pensar.
- Pensando del otro lo que te gustaría que piensen de vos.

Entonces:
- Tramitos cortos para el amor.
- Tramitos cortos para vivir.
- Dejá en paz a tu familia. (Sin peros)
- Dejá en paz a tus ex. (Sin peros)
- Dejate en paz a vos. (Sin peros)

Lo hicimos bien.

Lo hiciste bien.

EPÍLOGO

*Dale, ya es tiempo
de darte un buen abrazo.*

¡Gracias, gracias, gracias!

Leonor Inés Pissanchi

Bibliografía

Garnier Malet, Jean-Pierre y Garnier Malet Lucile (2015) *Cambia tu futuro por las aperturas temporales.* Arkano Books. España, Madrid

Hamer, Ryke Geerd. *El Testamento de una Nueva Medicina*: disponible en www.pasadofuturo.com

Hellinger, Bert. (reed. 2021) *Órdenes del amor: cursos seleccionados de Bert Hellinger.* Herder, Barcelona

Herreros Ubalde, Pablo (2018) *La inteligencia emocional en animales: Lo que mi perro y otros animales me enseñaron sobre la psicología humana.* Planeta, Barcelona

Pfister, Marco y Cella, Simona (2010). *La enfermedad es otra cosa.* Ediciones SecondoNatura, Italia

Scharovsky, Armando M. (2020) *Las autoimPUTAdas: #Metoo al #yonolosabia.* Letra Minúscula, España

CPSIA information can be obtained
at www.ICGtesting.com
Printed in the USA
BVHW050722180623
666095BV00011B/1135